BACKEN MIT STEVIA

BRIGITTE SPECK

BACKEN MIT STEVIA

Dank

Ich danke meiner Familie und meinen Freunden, die meine Backwaren degustiert und meine Arbeit kritisch begleitet und unterstützt haben.

In Deutschland untersagen derzeit noch die Behörden die Zulassung von Stevia und Steviaprodukten als Lebensmittel. Vor dem Hintergrund der Entwicklungen in Frankreich bleibt zu hoffen, dass sich auch hier etwas bewegen wird. In Österreich wurde 2009 der Antrag auf Zulassung im Parlament eingereicht, bis zum Erscheinen des vorliegenden Buches jedoch ohne Ergebnis. Dennoch sind Steviaprodukte in Bioläden, Reformhäusern und im Versandhandel überall in Deutschland und Österreich zu beziehen.

Lizenzausgabe für Walter Hädecke Verlag
D-71263 Weil der Stadt
www.haedecke-verlag.de

© 2010 Fona Verlag AG, 5600 Lenzburg, www.fona.ch
LEKTORAT: Léonie Schmid
GESTALTUNG: FonaGrafik, Sabine Jäggi
FOODFOTOS: Andreas Thumm, Freiburg i. Br.
FOTOS EINFÜHRUNG: Professor Dr. Klaus Ammann, Botanischer Garten, Bern
DRUCK: Offizin Andersen Nexö Leipzig GmbH, Zwenkau

ISBN 978-3-7750-0588-3

Inhaltsverzeichnis

Vorwort

Stevia hat als Süßmittel seit einigen Jahren einen festen Platz in meiner Küche. Im Sommer erfreut mich die Pflanze im Garten. Ich pflücke die Blätter zum Süßen von Kräutertees und stelle Auszüge für Desserts her.

Wann immer der selbst hergestellte Auszug zum Süßen nicht ideal war – Wasseranteil zu groß oder exakte Dosierung nicht möglich –, wich ich auf die im Handel erhältlichen Steviatropfen aus. Da stellte sich mir dann das Problem des lakritzigen Geschmacks, den ich nicht mag. Es war für mich ein Kompromiss, die Steviatropfen sparsam zu dosieren und mit Agavendicksaft oder Birnendicksaft «aufzuzuckern».

Seit kurzem gibt es Steviol-Glykoside mit einem Trägerstoff. Diese Produkte sind fast geschmacksneutral, zudem kalorienfrei und erhöhen den Blutzuckerspiegel nicht. Sie eignen sich gleichermaßen gut für Desserts, zum Einmachen und zum Backen.

Es war eine schöne Aufgabe und auch eine Herausforderung, traditionelle Backrezepte mit Stevia zu backen. Dazu waren häufig mehrere Backtests notwendig. Ich freue mich, dass die Rezepte nun gelingsicher sind.

Viel Freude beim Backen
Brigitte Speck

Stevia · Das Honigblütenblatt aus Paraguay

Wer einmal ein Stevia-Blatt im Mund hatte, wird seinen Geschmack nicht mehr vergessen: Ob frisch oder getrocknet, schon ein kleines Stück zeigt die ganze Süße der Pflanze, die an Lakritze erinnert und deren Aroma lange auf der Zunge und im Gaumen verweilt. Die Menschen im heutigen Dreiländereck Paraguay, Brasilien und Argentinien nannten sie Kaá-heé (Honigkraut) oder einfach nur Yerba Dulce (Süßes Kraut). Die Urbevölkerung der Region, die Guarani, nutzen Stevia seit Jahrhunderten als Heilpflanze und zum Süßen von Mate-Tee. Die Europäer kamen erst später in Kontakt mit Stevia. 1899 beschrieb der Schweizer Wissenschaftler Moisés Bertoni (1857–1929) erstmals die Stevia rebaudiana. Der aus dem kleinen Dorf Lottigna im Tessin stammende Freidenker entdeckte viele Pflanzen- und Tierarten. Dank der Unterstützung unter anderem des Schweizer Hilfswerks Helvetas ist Bertonis Forschungsareal in Paraguay heute ein Nationalpark mit einem kleinen Museum.

Botanik · Ein Korbblütler mit Steviosid

Stevia rebaudiana ist ein kleiner, blattreicher Strauch von 50–100 cm Höhe. Die kleinen Blätter sind lanzettförmig. Die Pflanze gehört zur Familie der Asteraceae. Faszinierend sind die winzigen Korbblüten, eigentlich Blütenstände, die wie Einzelblüten aussehen. An den kleinen Blüten ist ein Körbchen mit Hüllblättern und zweiteiliger Narbe zu sehen. Die Gattung der Korbblütler ist in Südamerika mit zahlreichen Arten vertreten. Aber nur Stevia rebaudiana enthält Steviosid, ein Molekül, das 300-mal süßer als Zucker ist. Die süßen Inhaltsstoffe werden industriell aus den Blättern gelöst und als weißes Konzentrat gehandelt.

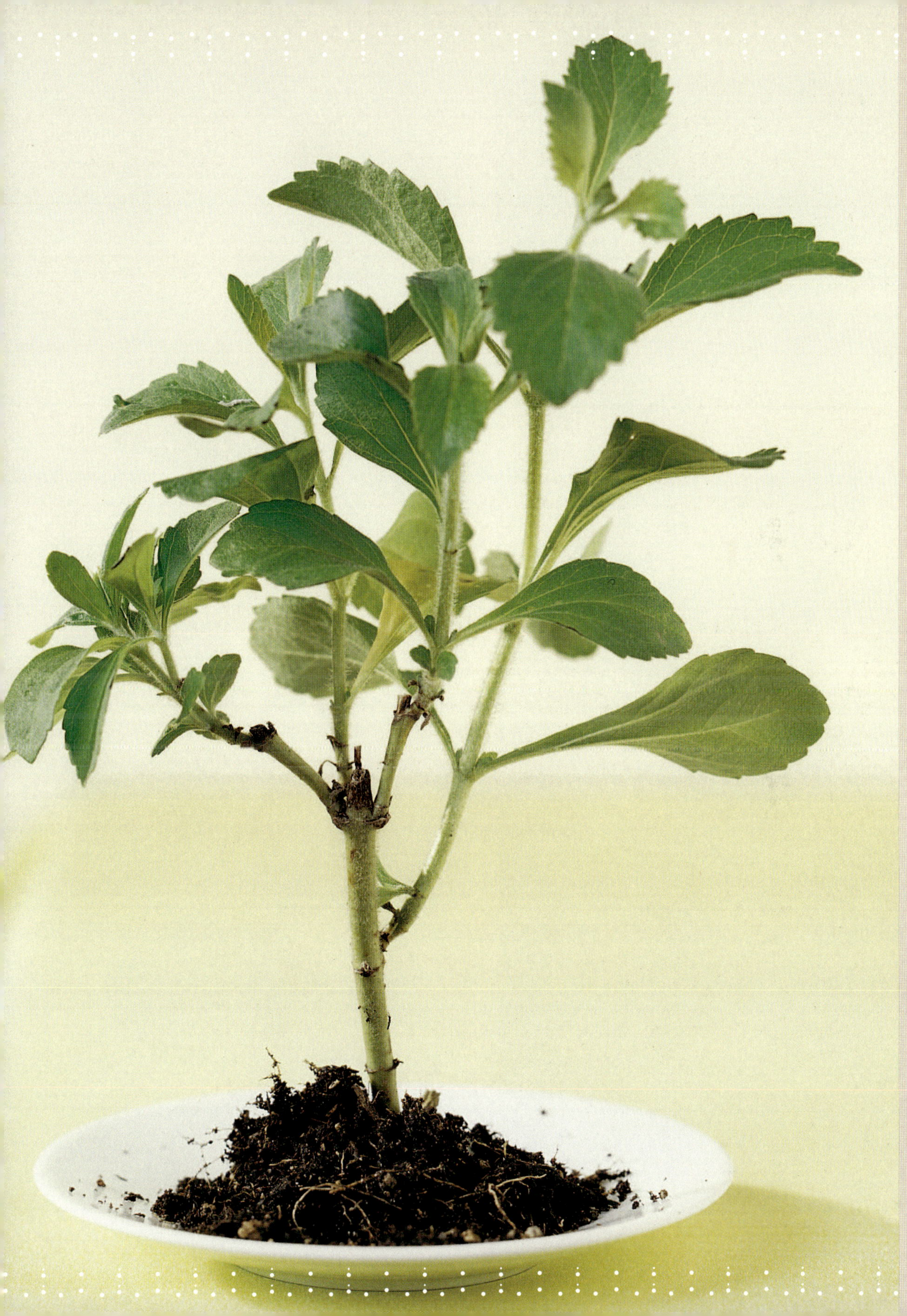

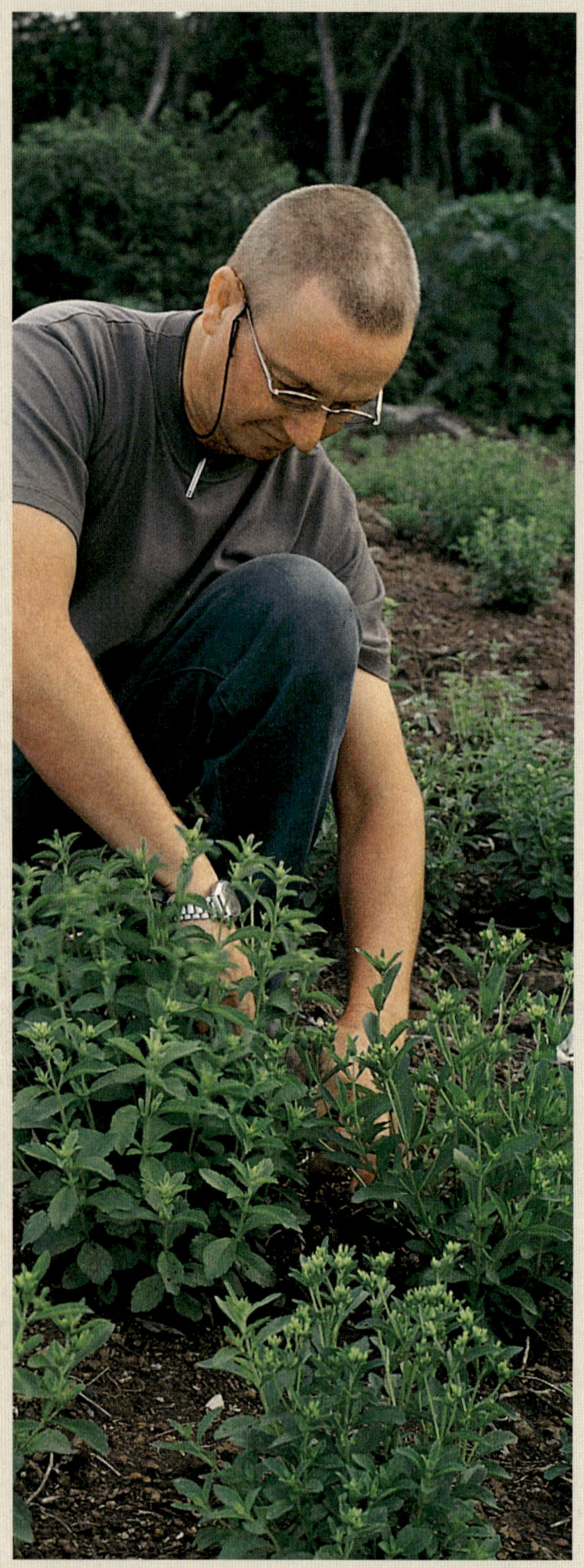

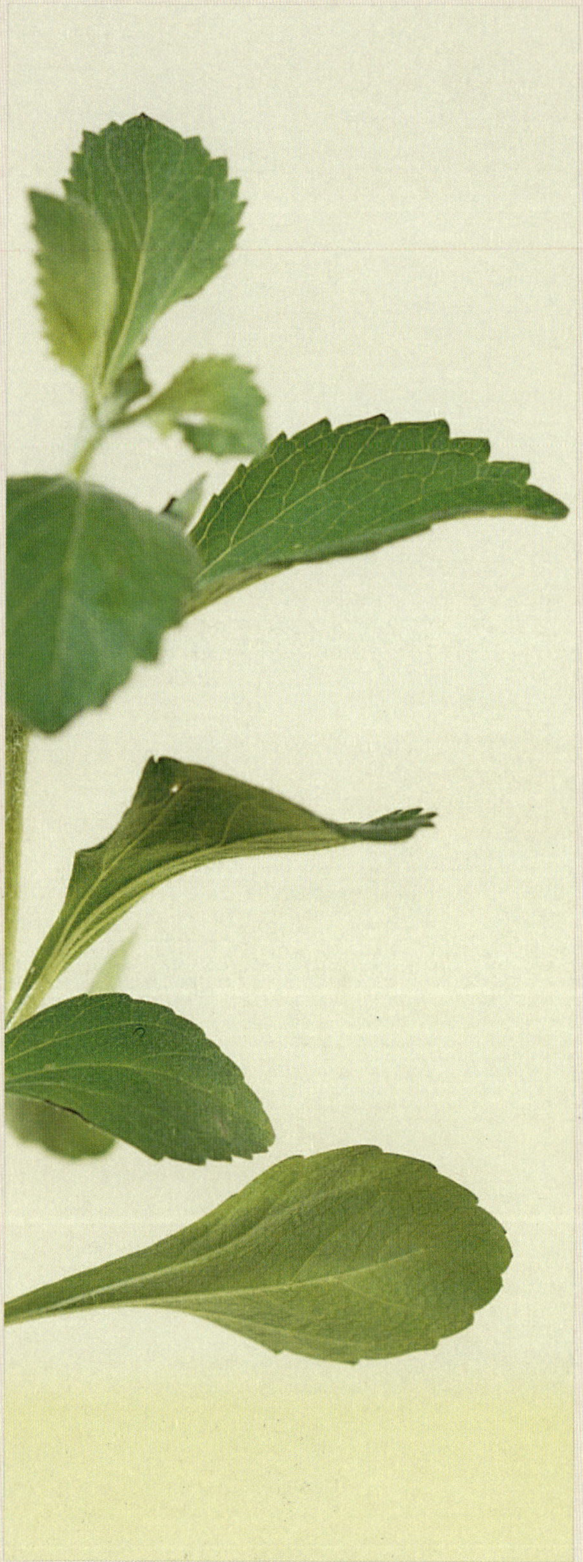

# Anbau und Pflege

Lernen von Basilikum

Stevia rebaudiana gedeiht nicht nur in Südamerika, sondern auch in Mittel-
europa. Ihre Herkunft aus dem subtropischen Klima von Paraguay, Brasilien
und Argentinien prägt jedoch ihre Ansprüche an Boden und Temperatur.
Bio- und Naturgärtner haben die beste Erfahrung gemacht, wenn Stevia
gleich wie Basilikum behandelt wird. Optimal ist für beide Pflanzen eine
Temperatur über 20 °C. Sie bevorzugen einen warmen, geschützten Stand-
ort, der weder trocken noch allzu heiß sein sollte. Stevia gedeiht auf humus-
und nährstoffreichem Boden am besten, benötigt jedoch für ein ordentliches
Wachstum eine ausreichend hohe Bodenfeuchtigkeit.

Nördlich der Alpen ist die Kultur in Töpfen oft dankbarer als das Pflanzen im
Freien. Bei idealen Boden- und Temperaturverhältnissen ist Stevia rebaudiana eine robuste, wüchsige Pflanze. Blattläuse besiedeln das süße Blatt
zwar sehr gerne, sie verursachen jedoch keine gravierenden Schäden.

Das Überwintern der Pflanze ist unproblematisch, wenn man ihr die Winter-
ruhe gönnt. Die oberirdischen Pflanzenteile sterben ab. Die mehrjährige
Wurzel überwintert in frostfreier, jedoch kühler Umgebung, um im März
wieder auszutreiben. Am besten überwintern Jungpflanzen, die im September aus Kopfstecklingen gezogen werden. Nach der Blüte im Juni/Juli sollte
die Steviapflanze zurückgeschnitten werden. Das regt den Neuaustrieb in
der zweiten Sommerhälfte an. Die Neuaustriebe sind in der Regel Mitte
August/Anfang September groß genug, um Kopfstecklinge zu schneiden.
Die Stecklinge sollten nebst Triebspitze zwei ausgewachsene Blätter haben.
Diese werden in kleine Töpfe gesetzt, mit einer Plastikhaube abgedeckt und
feucht gehalten, bis sich Wurzeln gebildet haben. In der Regel ist das nach
zwei bis drei Wochen der Fall.

Steviol-Glykoside

Was in den Blättern der Pflanze Stevia rebaudiana süß schmeckt, sind die acht Steviol-Glykoside Steviosid, Steviolbiosid, Rebaudioside A, ~B, ~C, ~D, ~E und ~F sowie Dulcosid A. Sie unterscheiden sich in der Anzahl der angelagerten Zuckerreste, in der Süßkraft und im Geschmack.

Steviol-Glykoside sind hitzestabil bis etwa 200 °C. Sie werden von unserem Verdauungstrakt nicht verstoffwechselt und sind daher frei von Kalorien.

Gesundheit — Süß ohne Kalorien

Schon der Botaniker Moisés Bertoni hat erkannt: «Eine neue Pflanze, von mir entdeckt, als Süßmittel fast so kraftvoll wie Saccharin, aber ohne dessen Nachteile und frei von Nebenwirkungen, mit der Ausnahme, dass Stevia leicht tonisiert.»

Gesundheitlichen Vorteile

- Die Süße ist kalorienfrei.
- Stevia beeinflusst den Blutzuckerspiegel nicht.
- Stevia verursacht keine Karies.
- Stevia hilft bei der Reduktion von Übergewicht, in der Übergewicht-Prophylaxe, in der Ernährungsumstellung von AD(H)S-Kindern (ohne Zuckerkonsum sind die Kinder nachweislich weniger zappelig und weniger aggressiv), bei Diabetes Typ 1 und 2 oder in der Diabetes-Prophylaxe sowie bei Candida Pilzbefall.

Verbreitung  In vieler Leute Munde

Im Osten Südamerikas wird Stevia seit jeher zum Süßen von Getränken und Speisen verwendet. Der Botaniker Moisés Bertoni hat schon bei der Entdeckung von Stevia betont: «Die Tatsache, dass die Süßkraft von Kaá-heé derjenigen von Zucker so überlegen ist, zeigt, dass man nicht die Ergebnisse von Analysen und Kulturversuchen abwarten muss, um den ökonomischen Vorteil von Stevia zu bestätigen.» Deshalb hat Stevia schnell andere Orte auf unserem Planeten erreicht. In Gärten, auf Terrassen und auf Balkonen in Deutschland, in der Schweiz und in Österreich wächst das Süßkraut neben anderen Kräutern und wird zum Süßen verwendet.

Einen Siegeszug hat Stevia in Asien angetreten. Rund 80 % der weltweiten Anbaufläche liegen in China. Stevia ist nicht nur als flüssiger oder pulverisierter Extrakt im Handel, sondern in vielen verarbeiteten Lebensmitteln enthalten. Vor allem in Japan und Korea ist Stevia ein etabliertes Süßungsmittel, das zu Lasten künstlicher Süßstoffe einen hohen Marktanteil erreicht hat. Von Limonade-Getränken über Kaugummis und Sojasaucen, von Eiscremes bis zu Backwaren oder auch Zahnpasten wird eine Vielzahl von Produkten mit Stevia gesüßt.

Zulassung 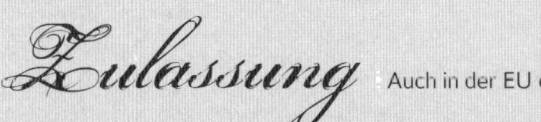 Auch in der EU ein Süßmittel

Seit Jahrzehnten konsumieren Tag für Tag weltweit Millionen von Menschen Stevia. Nebenwirkungen sind keine bekannt. Über 200 Toxizitätsstudien wurden durchgeführt mit dem Ergebnis, dass die süßenden Inhaltsstoffe von Stevia gesundheitlich sicher sind. Mit einer endgültigen positiven Stellungnahme durch den JECFA (Sachverständigungsausschuss für Lebensmittelzusatzstoffe) der FAO/WHO (Ernährungs- und Landwirtschaftsorganisation/Weltgesundheitsorganisation) wurde 2008 auch ein ADI-Wert für Steviol-Glykoside festgelegt und damit die gesundheitliche Unbedenklichkeit bestätigt. Seit 2009 bewilligt das BAG in der Schweiz Einzelzulassungen für Lebensmittel, die mit Steviol-Glykosiden gesüßt sind.

Im März 2010 hat das für Lebensmittelzusatzstoffe zuständige Gremium (ANS) der europäischen Behörde für Lebensmittelsicherheit (EFSA) die Sicherheit von Steviol-Glykosiden, aus Blättern der Stevia rebaudiana extrahierte Süßungsmittel, bewertet und für deren sichere Verwendung einen Wert für die zulässige tägliche Aufnahmemenge (ADI-Wert = Allowed Daily Intake) festgelegt.

Etwas komplizierter scheint die Freigabe getrockneter Blätter zu sein. Sie wurden in der EU bislang als neuartiges Lebensmittel eingestuft. Ein solches Naturprodukt ist sehr komplex aufgebaut. Die Risikobeurteilung ist daher, im Gegensatz zu einem isolierten Inhaltsstoff, umfangreich und kostspielig. Derzeit ist umstritten, ob es sich bei den Blättern der Steviapflanze überhaupt um ein neuartiges Lebensmittel (Novel-Food) handelt. Vieles deutet darauf hin, dass die getrockneten Blätter bereits vor Inkrafttreten der Novel-Food-Regelung der EU in nennenswertem Umfang verkauft und konsumiert wurden. In der Schweiz sind zurzeit nur Teemischungen mit einem Anteil von 2 % getrockneter Stevia-Blätter im Handel.

Steviapulver

Trägerstoff

In diesem Buch wurde mit GrooVia, ein Steviol-Glykosid (siehe Botanik) auf einem Trägerstoff gearbeitet, in den Rezepten «Steviapulver» genannt. Der Trägerstoff Erythritol wird durch mikrobielle Umwandlung von Glukose durch Hefe hergestellt. Die Hefe wird aus dem Endprodukt vollständig entfernt. Erythritol führt weder zu einem Blutzuckeranstieg noch enthält es Kalorien, es verursacht auch keine Blähungen und keinen Durchfall, was durch wissenschaftliche Studien bestätigt wurde.

Dosierung

25 g GrooVia ersetzen 100 g Kristallzucker.
Das Steviapulver ist in Drogerien, Apotheken und Bioläden erhältlich.

Rund ums Backen

Backtemperatur

Die Backwaren in diesem Buch wurden in einem Heißluft-/Umluftbackofen gebacken. Beim Backen mit Ober- und Unterhitze muss die Backtemperatur um 10 bis 20°C erhöht werden.

Teig rühren

Es empfiehlt sich, ein Handrührgerät zu verwenden.

Rührteig

Butter, Eier sowie Milch nie direkt aus dem Kühlschrank verwenden. Die Butter muss Zimmertemperatur haben, also weich sein.

Wenn Butter, Steviapulver und Eier luftig und cremig aufgeschlagen werden, kann es vorkommen, dass die Masse ausflockt. Möglicherweise waren die Eier zu kalt (aus dem Kühlschrank). Auf die Qualität des Gebäcks hat das aber keinen Einfluss. Sollte die Masse zu flockig werden, gibt man zwei bis drei Esslöffel Mehl dazu und rührt weiter.

Teig nicht stehen lassen, sondern sofort backen.

Kurz vor Ende der Backzeit mit einem Holzspießchen eine Backprobe machen. Das Holzspießchen die Mitte des Kuchens einstechen. Klebt an ihm kein Teig, ist der Kuchen durchgebacken. Sonst nochmals ein paar Minuten weiterbacken.

Biskuitteig

Mit Steviapulver einen Biskuitteig herzustellen, ist nicht ganz einfach. Man braucht etwas Erfahrung.

Eischnee: Kühles Eiweiß lässt sich besser steif schlagen. Eischnee nicht stehen lassen, er fällt schnell zusammen. Eischnee mit dem Teigschaber sorgfältig unter die Masse ziehen.

Schokolade schmelzen

Eine kleine Schüssel, z. B. eine Chromstahlschüssel wählen, die auf einen kleinen Topf passt.

Schokolade in Stückchen brechen und in die Schüssel geben.

Wenig Wasser in den Topf füllen.

Schüssel auf den Topf stellen; sie sollte mit dem Wasser nicht in Berührung kommen.

Topf auf die Wärmequelle stellen. Das Wasser erhitzen, sodass sich Dampf entwickelt. Die Temperatur sofort zurückschalten. Die Schokolade sollte nur warm werden (32–38 °C).

Schokolade rühren, bis sie flüssig ist.

Tartes und Kuchen

Aprikosenwähe für eine Kuchenform von 26 cm Durchmesser

Quarkteig
125 g Magerquark
2 EL Olivenöl extra vergine oder kalt gepresstes Rapsöl
5 EL Milch
200 g Weißmehl / Type 405
1½ TL Backpulver

Belag
1 kg reife Aprikosen

Guss
2 dl / 200 ml Milch
1 dl / 100 ml Rahm / Sahne
2 Eier
20–30 g Steviapulver, Seite 15, Menge je nach Säure der Früchte

1 Quark, Olivenöl und Milch glatt rühren. Mehl und Backpulver zugeben, alles zu einem weichen Teig zusammenfügen. Nicht kneten. Teig zugedeckt 15 Minuten ruhen lassen.

2 Backofen auf 200 °C vorheizen. Kuchenform mit Backpapier belegen.

3 Teig zwischen Klarsichtfolien auf Formgröße ausrollen. In die Form legen. Aprikosen halbieren und entsteinen, Stielansatz keilförmig herausschneiden, Fruchthälften nach Belieben halbieren, kreisförmig auf den Teigboden legen. Die Zutaten für den Guss glatt rühren, über die Früchte verteilen.

4 Aprikosenkuchen auf der zweituntersten Schiene in den Ofen schieben, bei 200 °C 25 bis 30 Minuten backen.

Variante Aprikosen durch Zwetschgen ersetzen.

Pro Rezept			
Brotwert	25,00	kcal	2046,83
Eiweiß	70,70 g	Kohlenhydrate	251,26 g
Fett	79,57 g		
kJ	8584,53	Broteinheiten	20,94 g

Apfel-Jalousie

1 ausgerollter Blätterteig, 25 x 42 cm

½ Zitrone, Saft
300 g Äpfel, z. B. Boskop oder Maigold
30 g fein geriebene Kokosnuss
25 g Steviapulver, Seite 15
1 Eigelb zum Bepinseln

1 Zitronensaft in eine Schüssel geben. Die ungeschälten Äpfel auf einer groben Reibe dazureiben. Sofort mit Zitronensaft mischen. Geriebene Kokosnuss und Steviapulver unterrühren.

2 Backofen auf 200 °C vorheizen.

3 Blätterteig auf ein mit Backpapier belegtes großes Backblech legen. In Längsrichtung halbieren. Apfelmasse auf eine Teighälfte verteilen, dabei ringsum 1 cm Rand frei lassen. Zweite Teighälfte darauflegen, Ränder mit einer Gabel andrücken. Blätterteig auf der Oberseite im Abstand von 1 cm quer einschneiden, auf beiden Seiten 2 cm Rand stehen lassen. Jalousie mit Eigelb bepinseln.

4 Die Apfel-Jalousie auf der zweituntersten Schiene in den Ofen schieben, bei 200 °C 20 bis 25 Minuten backen.

Tipp Das Blätterteiggebäck schmeckt frisch am besten.

Pro Rezept			
Brotwert	13,00	kcal	1734,45
Eiweiß	18,73 g	Kohlenhydrate	129,83 g
Fett	127,06 g		
kJ	7254,05	Broteinheiten	10,82 g

Birnenkuchen
für eine Springform von 24 cm Durchmesser

Mürbeteig

150 g Weißmehl / Type 405
1 Prise Salz
20 g Steviapulver, Seite 15
100 g kalte Butterstückchen
1 Ei
1–2 EL Waser

Füllung

3–4 Birnen
1 Msp Bourbon-Vanillepulver
30–40 g Steviapulver, Seite 15
3 Eier, getrennt
50 g zimmerwarme Butter
1 unbehandelte Zitrone,
abgeriebene Schale
1 Prise Salz
180 g geriebene Mandeln
30 g Weißmehl / Type 405
1 TL Backpulver

1 Für den Mürbeteig Mehl, Salz, Steviapulver und Butterstückchen in einer Schüssel mischen und mit kalten Händen krümelig reiben. Ei und Wasser verquirlen, in die Schüssel geben, alles zu einem Teig zusammenfügen. Teig in Klarsichtfolie einwickeln, 30 Minuten kühl stellen.

2 Springform mit Butter einfetten. Backofen auf 180 °C vorheizen.

3 Mürbeteig halbieren. Die eine Hälfte direkt auf dem Boden der Form ausrollen. Den Ring aufsetzen. Aus dem restlichen Teig eine Rolle formen. Teigrolle an den Formrand legen und von Hand 5 cm hoch drücken. Teigboden mit einer Gabel mehrmals einstechen. Kühl stellen.

4 Birnen schälen und halbieren, Kerngehäuse ausstechen. Birnen mit der Schnittfläche nach unten auf dem Teigboden verteilen.

5 Vanille- und Steviapulver, Eigelbe und Butter glatt rühren. Zitronenschale unterrühren. Eiweiß und Prise Salz steif schlagen. Backpulver und Mehl mischen. Mandeln und Mehl lagenweise mit dem Eischnee auf die Eigelbmasse geben. Mit dem Teigschaber sorgfältig unterziehen. Füllung über die Birnen verteilen.

6 Birnenkuchen auf der zweituntersten Schiene in den Ofen schieben und bei 180 °C etwa 45 Minuten backen.

Pro Rezept			
Brotwert	19,00	kcal	3406,63
Eiweiß	85,05 g	Kohlenhydrate	202,24 g
Fett	254,79 g		
kJ	14 269,66	Broteinheiten	16,85 g

Apfelpie für eine Springform von 24 cm Durchmesser

Rührteig
200 g Weißmehl/Type 405
1 Prise Salz
25–30 g Steviapulver, Seite 15
1 Ei, verquirlt
120 g zimmerwarme Butter
2–3 EL Wasser

Füllung
1 Zitrone, Saft
500 g Äpfel
50 g geriebene Haselnüsse
15–20 g Steviapulver, Seite 15
½ TL Zimtpulver

1 Mehl, Salz und Steviapulver in einer Schüssel mischen, Ei, Butter und Wasser zugeben, zu einem Teig zusammenfügen. Teig in Klarsichtfolie einwickeln. Mindestens 30 Minuten kühl stellen.

2 Backofen auf 200 °C vorheizen. Springform mit Butter einfetten.

3 Für die Füllung Zitronensaft in eine Schüssel geben. Die Äpfel schälen, vierteln und entkernen, Fruchtviertel halbieren und diese in feine Scheiben schneiden, mit dem Zitronensaft mischen. Haselnüsse, Steviapulver und Zimt untermischen.

4 ⅔ des Teiges auf bemehlter Arbeitsfläche 3 bis 4 cm größer als den Boden der Springform ausrollen. Teig in die Form legen. Füllung auf dem Teigboden verteilen. Teigrand über die Füllung legen. Rand mit ein wenig Wasser bepinseln. Restlichen Teig für den Deckel in der Größe der Form ausrollen und auf die Äpfel legen. Teigrand mit einer Gabel rundum gut andrücken, Teig mit einer Gabel mehrmals einstechen.

5 Den Apfelpie auf der zweituntersten Schiene in den Ofen schieben, bei 200 °C 45 bis 50 Minuten backen.

Pro Rezept			
Brotwert	14,00	kcal	1647,96
Eiweiß	27,50 g	Kohlenhydrate	142,91 g
Fett	108,00 g		
kJ	6894,78	Broteinheiten	11,91 g

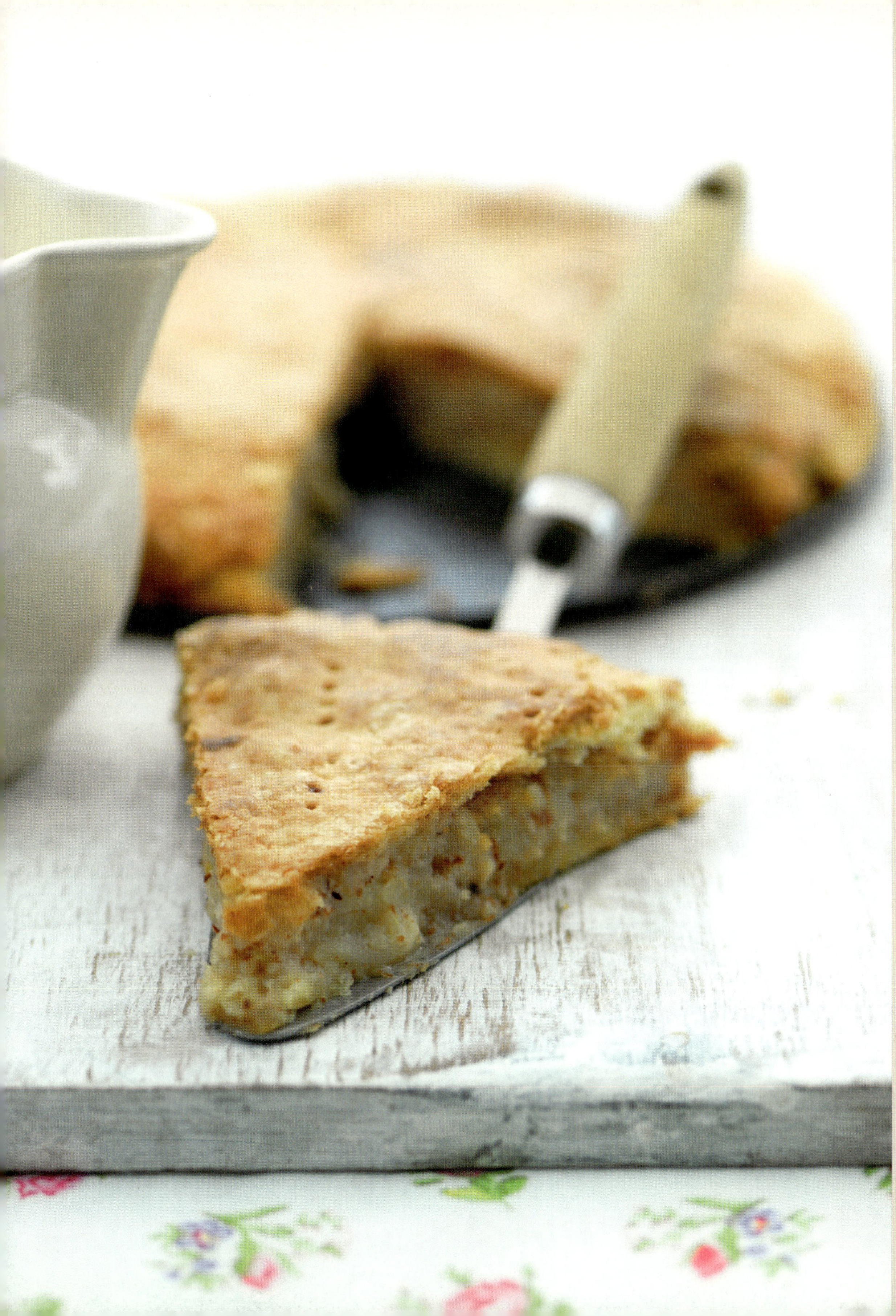

Rahmfladen für eine Kuchenform von 24 cm Durchmesser

Hefeteig
10 g Hefe
1 EL Wasser
150 g Weißmehl / Type 405
10 g Steviapulver, Seite 15
1 Msp Salz
20 g Butter
1 dl / 100 ml Milch

Füllung
2 dl / 200 ml Rahm / Sahne
1 dl / 100 ml Milch
1 Ei
20 g Steviapulver, Seite 15

1 Hefe mit dem Wasser verrühren.

2 Mehl, Steviapulver und Salz in einer Schüssel mischen. Butter und Milch erwärmen, mit der Hefe zum Mehl geben, zu einem Teig zusammenfügen, kräftig kneten. Schüssel mit einem feuchten Tuch zudecken, den Teig bei Zimmertemperatur auf das doppelte Volumen aufgehen lassen.

3 Kuchenform mit Backpapier auslegen. Hefeteig so groß ausrollen, dass man einen doppelten Teigrand bekommt. Teig in die Form legen, Teigrand nach innen legen. Form mit einem feuchten Tuch zudecken, 15 Minuten aufgehen lassen.

4 Backofen auf 180 °C vorheizen.

5 Für die Füllung Rahm, Milch, Ei und Steviapulver gut verrühren, in die Form gießen.

6 Kuchenform auf der zweituntersten Schiene in den Ofen schieben, den Fladen bei 180 °C 30 bis 40 Minuten backen, bis die Füllung goldbraun ist.

Pro Rezept			
Brotwert	12,00	kcal	1418,76
Eiweiß	35,40 g	Kohlenhydrate	123,17 g
Fett	87,62 g		
kJ	5944,00	Broteinheiten	10,26 g

Zwetschgenkuchen *für eine Springform von 26 cm Durchmesser*

Mürbeteig
250 g Weißmehl / Type 405
1 Prise Salz
20 g Steviapulver, Seite 15
1 Prise Zimtpulver
100 g kalte Butterstückchen
1 Ei
2–3 EL Wasser

800 g Zwetschgen

1 Für den Mürbeteig Mehl, Salz, Steviapulver, Zimtpulver und Butter in einer Schüssel mischen, mit kalten Händen krümelig reiben. Ei und Wasser verquirlen, zur Mehlmischung geben, zu einem Teig zusammenfügen. Teig in Klarsichtfolie einwickeln, 30 Minuten kühl stellen.

2 Backofen auf 200 bis 210 °C vorheizen.

3 Boden und Rand der Springform mit Butter einfetten.

4 Teig direkt auf dem Boden der Form ausrollen. Den Ring der Springform aufsetzen.

5 Zwetschgen halbieren, entsteinen, Stielansatz keilförmig herausschneiden. Zwetschgen kreisförmig auf den Teig legen.

6 Zwetschgenkuchen in der Mitte in den Ofen schieben und bei 200 bis 210 °C 30 Minuten backen.

Variante Mürbeteig mit anderen Früchten belegen.

Tartes und Kuchen

Pro Rezept			
Brotwert	23,00	kcal	1905,96
Eiweiß	35,30 g	Kohlenhydrate	229,80 g
Fett	92,89 g		
kJ	7975,37	Broteinheiten	19,15 g

Johannisbeerkuchen

für eine Kuchenform von 24 cm Durchmesser

Quarkteig

125 g Magerquark

2 EL Olivenöl extra vergine oder
kaltgepresstes Rapsöl

5 EL Milch

15–20 g Steviapulver, Seite 15

200 g Weißmehl / Type 405

1½ TL Backpulver

Belag

5 EL geriebene Mandeln

300 g abgezupfte Johannisbeeren

Guss

1 dl / 100 ml Rahm / Sahne

2 TL Maisstärke

2 Eier

250 g Magerquark

30–40 g Steviapulver, Seite 15

1 Für den Teig Quark, Öl, Milch und Steviapulver glatt rühren. Mehl und Backpulver mischen, zur Quarkmasse geben, zu einem Teig zusammenfügen, nicht kneten. Teig in Klarsichtfolie einwickeln, 30 Minuten kühl stellen. Teig zwischen Klarsichtfolien rund ausrollen, in die eingefettete Form legen.

2 Backofen auf 200 °C vorheizen.

3 Für den Guss Rahm und Maisstärke verrühren, Eier, Quark und Steviapulver unterrühren.

4 Mandeln auf den Teigboden streuen. Johannisbeeren darauf verteilen. Guss darübergießen.

5 Johannisbeerkuchen auf der zweituntersten Schiene in den Backofen schieben, bei 200 °C 30 Minuten backen.

Pro Rezept			
Brotwert	19,00	kcal	2303,53
Eiweiß	106,03 g	Kohlenhydrate	199,37 g
Fett	116,93 g		
kJ	9651,55	Broteinheiten	16,61 g

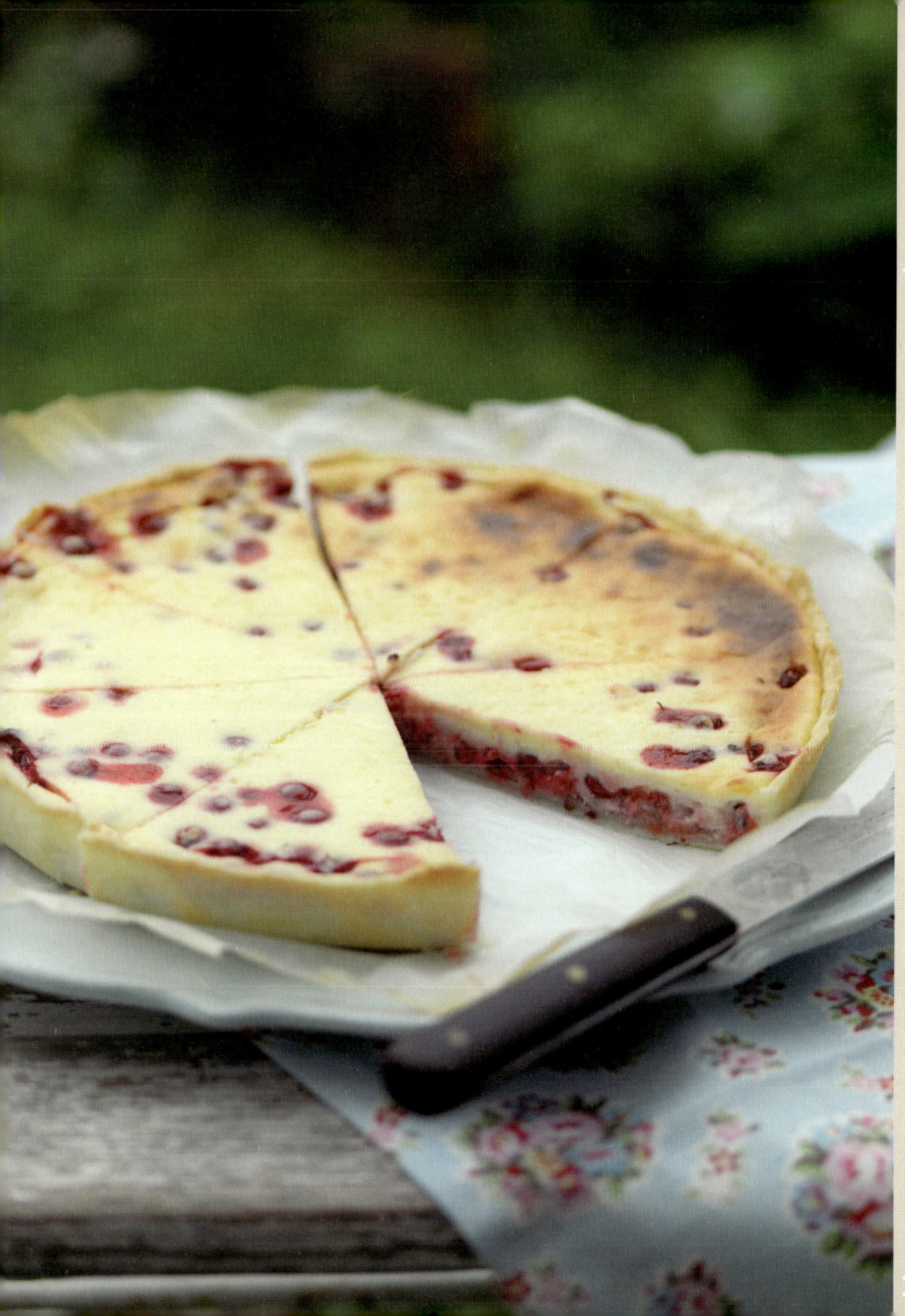

Zitronentarte für eine Springform von 24 cm Durchmesser

Mürbeteig
200 g Weißmehl/Type 405
¼ TL Salz
10 g Steviapulver, Seite 15
100 g kalte Butterstückchen
3 EL Wasser

Füllung
6 Eier
40–50 g Steviapulver, Seite 15
50 g zimmerwarme Butter
4 unbehandelte Zitronen,
abgeriebene Schale und Saft

1 Für den Mürbeteig Mehl, Salz, Steviapulver und Butter in einer Schüssel mischen, mit kalten Händen krümelig reiben, Wasser zugeben, zu einem Teig zusammenfügen. Den Teig in Klarsichtfolie einwickeln, 30 Minuten kühl stellen.

2 Springform mit Butter einfetten.

3 ⅔ des Mürbeteigs direkt auf dem Boden ausrollen. Den Ring der Springform aufsetzen. Aus dem restlichen Teig eine Rolle formen. Teigrolle an den Formrand legen und von Hand 2 cm hoch drücken. Kühl stellen.

4 Backofen auf 180 °C vorheizen.

5 Für die Füllung Eier, Steviapulver und Butter gut verrühren, Zitronensaft und Zitronenschale unterrühren, in die Form gießen.

6 Form auf der zweituntersten Schiene in den Ofen schieben. Zitronentarte bei 180 °C 40 Minuten backen.

Pro Rezept			
Brotwert	19,00	kcal	2580,54
Eiweiß	65,28 g	Kohlenhydrate	201,03 g
Fett	164,93 g		
kJ	10 803,80	Broteinheiten	16,75 g

Apfel-Flammkuchen

Hefeteig
250 g Weißmehl/Type 405
½ Päckchen Trockenhefe
10 g Steviapulver, Seite 15
½ TL Salz
1 ½ dl/150 ml Wasser

180 g Crème fraîche
3–4 Äpfel, z. B. Boskop
10–15 g Butter
20–30 g Steviapulver, Seite 15
2 TL Zimtpulver

1 Für den Hefeteig Mehl, Trockenhefe, Steviapulver und Salz in einer Schüssel mischen, Wasser zugeben, zu einem Teig kneten. Schüssel mit einem feuchten Tuch zudecken. Hefeteig bei Zimmertemperatur auf das doppelte Volumen aufgehen lassen.

2 Rücken von 2 großen rechteckigen Backblechen mit Backpapier belegen.

3 Backofen auf 200 °C vorheizen.

4 Teig halbieren und Rondellen von etwa 26 cm Durchmesser ausrollen. Auf die vorbereiteten Bleche legen. Crème fraîche auf dem Teig verstreichen. Äpfel von Stiel und Fliege befreien, auf dem Gemüsehobel oder von Hand in möglichst dünne Scheiben schneiden. Auf dem Teig verteilen.

5 Butter in einem Pfännchen bei schwacher Hitze schmelzen. Apfelscheiben mit flüssiger Butter bepinseln. Stevia- und Zimtpulver mischen, über die Apfelscheiben streuen.

6 Flammkuchen auf der zweituntersten Schiene in den Ofen schieben und bei 200 °C 15 Minuten backen, bis der Boden knusprig ist.

Tipps Der Flammkuchen schmeckt warm am besten. Deshalb ist es von Vorteil, die beiden Kuchen nacheinander in den Backofen zu schieben. Wenn nur ein Flammkuchen benötigt wird, kann man aus dem restlichen Teig Brötchen formen und mitbacken.

Pro Rezept			
Brotwert	21,50	kcal	1627,38
Eiweiß	31,61 g	Kohlenhydrate	218,37 g
Fett	68,32 g		
kJ	6803,18	Broteinheiten	18,2 g

Quittenkuchen für eine Kuchenform von 26 cm Durchmesser

250 g Blätterteig

350–400 g Quitten
2 dl/200 ml Wasser
15–20 g Steviapulver, Seite 15

Guss
1 Ei
3 EL Quark
1 dl/100 ml Rahm/Sahne
20–25 g Steviapulver, Seite 15
1 Eigelb

1 Den Blätterteig rund ausrollen und in die Form legen. Kühl stellen.

2 Flaum der Quitten mit einem trockenen Tuch abreiben, Früchte schälen, vierteln und das Kerngehäuse großzügig wegschneiden, Viertel in Schnitze schneiden. Wasser mit Steviapulver aufkochen, Quittenschnitze zugeben und weich garen, in einem Sieb gut abtropfen lassen.

3 Den Backofen auf 200 °C vorheizen.

4 Für den Guss sämtliche Zutaten verrühren.

5 Quittenschnitze auf den Teigboden verteilen, Guss darübergießen.

6 Quittenkuchen auf der zweituntersten Schiene in den Ofen schieben, bei 200 °C 25 bis 30 Minuten backen.

Tartes und Kuchen

Pro Rezept			
Brotwert	8,50	kcal	1712,94
Eiweiß	29,45 g	Kohlenhydrate	103,09 g
Fett	131,50 g		
kJ	7165,25	Broteinheiten	10,31 g

Cakes und Torten

Nusskuchen für eine Springform von 18 cm Durchmesser

Rührteig

180 g zimmerwarme Butter
50–60 g Steviapulver, Seite 15
3 Eier
1 Msp Bourbon-Vanillepulver
1 Prise Salz
70 g geschälte Baumnuss-/
Walnusskerne
30 g Zartbitter-Schokolade,
90 % Kakaoanteil, grob gehackt
150 g Weißmehl/Type 405
1 TL Backpulver

1 Springform mit Butter einfetten oder den Boden mit Backpapier belegen und den Rand einfetten.

2 Backofen auf 180 °C vorheizen.

3 Butter luftig aufschlagen, bis sich Spitzchen bilden. Steviapulver unterrühren. Eier zugeben, Masse rühren, bis sich Luftbläschen bilden. Vanillepulver, Salz, Nüsse sowie Schokolade unterrühren. Mehl und Backpulver mischen, mit dem Teigschaber unterziehen. Teig in die Form füllen.

4 Nusskuchen auf der zweituntersten Schiene in den vorgeheizten Ofen schieben und bei 180 °C etwa 40 Minuten backen.

Pro Rezept			
Brotwert	13,00	kcal	2714,73
Eiweiß	51,27 g	Kohlenhydrate	131,21 g
Fett	223,31 g		
kJ	11360,04	Broteinheiten	10,93 g

Zitronencake für eine Cakeform von 26 cm Länge

Rührteig

250 g zimmerwarme Butter

70–80 g Steviapulver, Seite 15

5 Eier

2–3 unbehandelte Zitronen,
abgeriebene Schale, Saft für den Guss

250 g Weißmehl/Type 405

1 Prise Salz

2 TL Backpulver

Zitronenguss

ca. 1½ dl/150 ml Zitronensaft

25 g Steviapulver, Seite 15

1 Backofen auf 180 °C vorheizen. Cakeform mit Backpapier auskleiden.

2 Butter und Steviapulver luftig aufschlagen, bis sich Spitzchen bilden. Eier zugeben, weiterschlagen, bis die Masse luftig und dickflüssig ist. Zitronenschale unterrühren. Mehl, Salz und Backpulver mischen, in Portionen unter die Butter-Eier-Masse ziehen. Teig in die vorbereitete Cakeform füllen.

3 Zitronencake auf der zweituntersten Schiene in den Ofen schieben, bei 180 °C etwa 50 Minuten backen.

4 Für den Guss Steviapulver zum Zitronensaft geben, rühren, bis sich das Pulver aufgelöst hat (kleine Rückstände sind möglich).

5 Form aus dem Ofen nehmen, Cake in der Form ein wenig abkühlen lassen, mit einem Holzspießchen mehrmals einstechen. Zitronenguss darübergießen. Zitronencake ein paar Stunden stehen lassen, erst dann aus der Form nehmen.

Cakes und Torten

Pro Rezept			
Brotwert	21,50	kcal	3310,91
Eiweiß	62,98 g	Kohlenhydrate	219,02 g
Fett	242,02 g		
kJ	13 858,30	Broteinheiten	18,25 g

Schokoladentraum

für eine Springform von 18 cm Durchmesser

Biskuitteig

100 g Zartbitter-Schokolade,
90 % Kakaoanteil, zerbröckelt

100 g zimmerwarme Butter

3 Eier, getrennt

1 Prise Salz

3 EL Milch

50 g Steviapulver, Seite 15

25 g Weißmehl/Type 405

1 dl/100 ml Rahm/Sahne

1 Backofen auf 180 °C vorheizen. Springform mit Butter einfetten.

2 Schokolade und Butter in einer kleinen Schüssel über dem Wasserbad schmelzen lassen, Schokoladenmasse glatt rühren, auskühlen lassen.

3 Eiweiß mit der Prise Salz steif schlagen.

4 Eigelbe luftig aufschlagen, Milch und Steviapulver unterrühren, weiter-schlagen. Schokomasse unter Rühren in kleinen Portionen unterrühren. Mehl dazusieben und unterrühren. Eischnee unterheben. Die Masse in die eingefettete Springform füllen.

5 Form auf der zweituntersten Schiene in den Ofen schieben, Schoko-traum bei 180 °C 20 bis 25 Minuten backen. Auskühlen lassen.

6 Schokoladentorte vor dem Servieren mit Schlagrahm garnieren.

Pro Rezept			
Brotwert	7,00	kcal	1877,85
Eiweiß	35,04 g	Kohlenhydrate	67,97 g
Fett	165,11 g		
kJ	7865,55	Broteinheiten	5,66 g

Schokoladen-Mandel-Kuchen

für eine Springform von 18 cm Durchmesser

Biskuitteig

150 g zimmerwarme Butter
60 g Steviapulver, Seite 15
4 Eier, getrennt
1 Prise Salz
100 g Zartbitter-Schokolade,
90 % Kakaoanteil, zerbröckelt
120 g geriebene Mandeln
1 EL Weißmehl/Type 405

1 Backofen auf 180 °C vorheizen. Springform mit Butter einfetten.

2 Schokolade und 50 g Butter in einer kleinen Schüssel über dem Wasserbad schmelzen lassen, glatt rühren, Schokoladenmasse etwas auskühlen lassen.

3 100 g Butter luftig aufschlagen, bis sich Spitzchen bilden. Steviapulver zugeben, weiterrühren. Eigelbe unterrühren.

4 Eiweiß mit der Prise Salz steif schlagen.

5 Schokoladenmasse unter Rühren unter die Eigelbmasse ziehen. Mandeln, Mehl und Eiweiß in Portionen zugeben und mit dem Teigschaber unterziehen. Teig in die vorbereitete Form füllen.

6 Form auf der zweituntersten Schiene in den Ofen schieben, Kuchen bei 180 °C 35 Minuten backen.

Pro Rezept			
Brotwert	5,00	kcal	2661,63
Eiweiß	60,04 g	Kohlenhydrate	50,90 g
Fett	250,16 g		
kJ	11 147,70	Broteinheiten	4,24 g

Aprikosenkuchen

für eine Springform von 18 cm Durchmesser

Rührteig

200 g zimmerwarme Butter
60 g Steviapulver, Seite 15
3 Eier
¼ TL Bourbon-Vanillepulver
1 Prise Salz
150 g Weißmehl/Type 405
1 TL Backpulver
400 g Aprikosen

1 Backofen auf 180 °C vorheizen. Die Form mit Butter einfetten.

2 Butter luftig aufschlagen, bis sich Spitzchen bilden. Steviapulver unterrühren. Eier unterrühren, weiterrühren, bis sich Luftbläschen bilden. Vanillepulver, Salz, Mehl und Backpulver mischen, mit dem Teigschaber unterziehen. Aprikosen halbieren und entsteinen, den Stielansatz keilförmig herausschneiden, Fruchthälften in Stückchen schneiden, unter den Teig rühren und in die Form füllen.

3 Aprikosenkuchen auf der zweituntersten Schiene in den Ofen schieben, bei 180 °C 40 bis 45 Minuten backen.

Cakes und Torten

Pro Rezept			
Brotwert	14,00	kcal	2169,13
Eiweiß	20,09 g	Kohlenhydrate	143,83 g
Fett	168,65 g		
kJ	9080,86	Broteinheiten	11,99 g

Karottenkuchen

für eine Springform von 24 cm Durchmesser

Biskuitteig

250 g Karotten
4 Eier, getrennt
60 g Steviapulver, Seite 15
250 g geriebene Mandeln
1 Msp Bourbon-Vanillepulver
50 g Weißmehl / Type 405
1 TL Backpulver
½–1 unbehandelte Zitrone,
abgeriebene Schale und 4 EL Saft
1 Prise Salz

1 Karotten schälen, auf einer feinen Reibe reiben.

2 Backofen auf 180 °C vorheizen. Springform mit Butter einfetten.

3 Eigelbe und Steviapulver luftig aufschlagen. Mandeln, Karotten, Vanille-pulver, Mehl, Backpulver, Zitronenschale und Zitronensaft mischen. Unter die Eigelbmasse rühren.

4 Eiweiß mit der Prise Salz steif schlagen, in Portionen unter den Teig ziehen. Teig in die Form füllen.

5 Form auf der zweituntersten Schiene in den Ofen schieben, Karotten-kuchen bei 180 °C 45 bis 50 Minuten backen.

Pro Rezept			
Brotwert	8,15	kcal	2173,31
Eiweiß	86,64 g	Kohlenhydrate	81,48 g
Fett	167,72 g		
kJ	9103,16	Broteinheiten	6,79 g

Roulade mit Äpfel-Rahm-Füllung

Biskuitteig
4 Eier, getrennt
2 EL warmes Wasser
30–40 g Steviapulver, Seite 15
1 Prise Salz
100 g Weißmehl/Type 405

Füllung
½ Zitrone, Saft
3 kleine Äpfel
1 TL Steviapulver, Seite 15
1 ½ dl/150 ml Rahm/Sahne

1 Backofen auf 200 °C vorheizen. Rückseite eines großen rechteckigen Backblechs mit Backpapier belegen.

2 Eiweiß mit der Prise Salz steif schlagen.

3 Eigelbe, warmes Wasser und Steviapulver zu einer luftigen, cremigen Masse aufschlagen. Eischnee und Mehl mit dem Teigschaber in Portionen unter die Eigelbmasse heben. Teig auf dem vorbereiteten Backblech zu einem Rechteck von 36 x 28 cm verstreichen.

4 Backblech auf der zweituntersten Schiene in den Ofen schieben, Biskuit bei 200 °C 10 bis 15 Minuten backen. Die Oberfläche darf goldgelb werden. Das Biskuit mit dem Backpapier auf die Arbeitsfläche ziehen. Sofort mit dem umgekehrten Blech zudecken, auskühlen lassen.

5 Für die Füllung Zitronensaft in die Schüssel geben. Ganze, ungeschälte Äpfel auf einer feinen Reibe dazureiben, sofort mit dem Zitronensaft mischen, damit sich die Äpfel nicht braun verfärben. Steviapulver unterrühren. Rahm steif schlagen und unter die Äpfel ziehen.

6 Biskuitränder gerade schneiden. Die Apfelfüllung auf dem Biskuit verstreichen, an den Längsseiten 2 cm Rand frei lassen. Biskuit von der Schmalseite her aufrollen.

Pro Rezept			
Brotwert	10,00	kcal	1237,72
Eiweiß	42,75 g	Kohlenhydrate	105,14 g
Fett	71,53 g		
kJ	5183,44	Broteinheiten	8,76 g

Marmorkuchen

für eine Springform von 18 cm Durchmesser

Rührteig

120 g zimmerwarme Butter
70 g Steviapulver, Seite 15
½ TL Bourbon-Vanillepulver
3 Eier
1 dl / 100 ml Milch
200 g Weißmehl / Type 405
1½ TL Backpulver

2 EL Kakaopulver
1 TL Steviapulver, Seite 15
1–2 EL Milch

1 Backofen auf 180 °C vorheizen. Form mit Butter einfetten.

2 Butter luftig aufschlagen, bis sich Spitzchen bilden. Stevia- und Vanillepulver unter die Butter rühren, Eier zugeben, weiter- rühren. Milch unterrühren. Mehl und Backpulver mischen, unter den Butterteig rühren.

3 Kakao- und Steviapulver in der Milch auflösen.

4 Teig halbieren. Kakaomasse unter eine Hälfte rühren.

5 Den hellen und den dunklen Teig abwechselnd in die Form füllen.

6 Marmorkuchen auf der zweituntersten Schiene in den Ofen schieben, bei 180 °C etwa 40 Minuten backen.

Variante Marmorkuchen in einer Cakeform von etwa 28 cm Länge backen.

Cakes und Torten

Pro Rezept			
Brotwert	15,00	kcal	1927,60
Eiweiß	48,09 g	Kohlenhydrate	153,86 g
Fett	125,14 g		
kJ	8069,74	Broteinheiten	12,82 g

Mandelcake

für eine Cakeform von 28 cm Länge

Rührteig

70–80 g Steviapulver, Seite 15
½ TL Bourbon-Vanillepulver
4 Eier
2 dl/200 ml Rahm/Sahne
120 g geriebene Mandeln
180 g Weißmehl/Type 405
1½ TL Backpulver

1 Backofen auf 180 °C vorheizen. Cakeform mit Backpapier auskleiden.

2 Stevia- und Vanillepulver mit Eiern zu einer luftigen, cremigen Masse aufschlagen. Rahm und Mandeln untermischen. Mehl und Backpulver mischen, mit dem Teigschaber unterziehen. Mandelteig in die vorbereitete Form füllen.

3 Form auf der zweituntersten Schiene in den Ofen schieben, Mandelcake bei 180 °C 40 Minuten backen.

Pro Rezept			
Brotwert	14,50	kcal	2250,66
Eiweiß	74,66 g	Kohlenhydrate	143,45 g
Fett	154,49 g		
kJ	9427,03	Broteinheiten	11,95 g

Heidelbeerfrischkäsetorte für eine Springform von 24 cm Durchmesser

Mürbeteig

150 g Weißmehl/Type 405

1 Prise Salz

20 g Steviapulver, Seite 15

100 g kalte Butterstückchen

1 Ei, verquirlt

Belag

200 g Heidelbeeren, frisch oder tiefgekühlt

160 g Doppelrahmfrischkäse

150 g Magerquark

3 Eier

35–40 g Steviapulver, Seite 15

1 unbehandelte Zitrone, abgeriebene Schale

1 EL Maisstärke

1 1 Für den Teig Mehl, Salz, Steviapulver und Butterstückchen in einer Schüssel mischen, mit kalten Händen krümelig reiben. Ei zugeben, rasch zu einem Teig zusammenfügen. Nicht kneten. Teig in Klarsichtfolie einwickeln, 30 Minuten kühl stellen.

2 Springform mit Butter einfetten. Backofen auf 180 °C vorheizen.

3 Mürbeteig halbieren. Die eine Hälfte direkt auf dem Boden der Form ausrollen. Den Ring der Springform aufsetzen. Aus dem restlichen Teig eine Rolle formen. Teigrolle an den Formrand legen und von Hand 5 cm hoch drücken. Mürbeteigboden mit einer Gabel einige Male einstechen. Kühl stellen.

4 Tiefgekühlte Heidelbeeren auftauen und in einem Sieb abtropfen lassen, auf ein Haushaltpapier geben und leicht abtupfen. Heidelbeeren auf dem Mürbeteig verteilen. Übrige Zutaten für den Belag verrühren und über die Heidelbeeren gießen.

5 Heidelbeertorte auf der zweituntersten Schiene in den Ofen schieben, bei 180 °C 35 bis 40 Minuten backen.

Tipp Die Heidelbeertorte kann gut am Tag vorher zubereitet werden. Sie schmeckt am zweiten Tag noch besser.

Pro Rezept			
Brotwert	13,00	kcal	2366,37
Eiweiß	83,06 g	Kohlenhydrate	144,27 g
Fett	161,29 g		
kJ	9908,57	Broteinheiten	12,02 g

Himbeerquarktorte
für eine Springform von 24 cm Durchmesser

Mürbeteig
180 g Weißmehl / Type 405
1 Msp Salz
10 g Steviapulver, Seite 15
100 g kalte Butterstückchen
4–5 EL Wasser

Bohnen zum Blindbacken

Himbeerquarkfüllung
400 g Magerquark
400 g Himbeeren oder andere Beeren,
frisch oder tiefgekühlt
2 Eier, getrennt
60 g Steviapulver, Seite 15
½–1 Zitrone, Saft
10 Blatt Gelatine
2 dl / 200 ml Rahm / Sahne

Himbeeren für die Garnitur

1 Für den Mürbeteig Mehl, Salz, Steviapulver und Butter in einer Schüssel mischen, mit kalten Händen krümelig reiben. Wasser zugeben, rasch zu einem Teig zusammenfügen. Teig in Klarsichtfolie einwickeln, 30 Minuten kühl stellen.

2 Boden der Springform mit Backpapier belegen. Rand mit Butter einfetten. Backofen auf 220 °C vorheizen.

3 ⅔ des Mürbeteigs direkt auf dem Boden der Form ausrollen. Den Ring aufsetzen. Aus dem restlichen Teig eine Rolle formen. Teigrolle an den Formrand legen und von Hand 2 cm hoch formen. Teigboden mit einer Gabel mehrmals einstechen. Kühl stellen. Teig mit Backpapier belegen, Bohnen darauf verteilen. Form auf der zweituntersten Schiene in den Ofen schieben, Mürbeteigboden 20 Minuten backen. Bohnen und Backpapier entfernen. Weitere 5 Minuten bei 220 °C backen. In der Springform auskühlen lassen.

4 Für die Füllung Quark, Himbeeren, Eigelbe, Steviapulver und Zitronensaft pürieren.

5 Gelatineblätter 5 Minuten in kaltem Wasser einweichen, ausdrücken. Gelatine im heißen Wasserbad unter Rühren verflüssigen. Die Gelatine darf nur lauwarm sein! Flüssige Gelatine unter Rühren zur Quarkmasse geben. Quarkmasse kühl stellen, bis sie leicht fest ist, etwa 30 Minuten. Rahm und Eiweiß getrennt steif schlagen. Beides vorsichtig unter die Quarkmasse ziehen.

6 Beerenmasse auf dem Teigboden verteilen. Mit Himbeeren garnieren. Mindestens 6 Stunden kühl stellen.

Pro Rezept			
Brotwert	16,50	kcal	2625,60
Eiweiß	109,61 g	Kohlenhydrate	179,52 g
Fett	159,51 g		
kJ	10 994,30	Broteinheiten	14,96 g

Gugelhupf für eine Form von ca. 1½ l Inhalt

Hefeteig
20 g Hefe
3 EL Wasser
300 g Weißmehl/Type 405
1 Msp Salz
1½ dl/150 ml Milch
75 g Butter
40 g Steviapulver, Seite 15
2 Eier
100 g Rosinen

3 EL Mandelstäbchen

1 Hefe im Wasser auflösen.

2 Mehl und Salz in einer Schüssel mischen, eine Vertiefung drücken.

3 Milch und Butter leicht erwärmen, bis die Butter geschmolzen ist.

4 Steviapulver und Eier mit dem Handrührgerät luftig aufschlagen.

5 Hefe, Butter-Milch und Eier in die Vertiefung geben, Mehl nach und nach unterrühren, Rosinen unterrühren. Teig mit dem gelochten Rührlöffel so lange schlagen, bis er sich vom Rand löst. Falls er zu feucht ist, noch ein wenig Mehl unterrühren.

6 Gugelhupfform gut mit Butter einfetten. Mandelstäbchen einstreuen. Hefeteig einfüllen. Gugelhupfform mit einem feuchten Tuch zudecken. Teig bei Zimmertemperatur auf das doppelte Volumen aufgehen lassen.

7 Gugelhupf auf der zweituntersten Schiene in den auf 200 °C vorgeheizten Ofen schieben, 35 bis 40 Minuten backen.

Pro Rezept			
Brotwert	29,00	kcal	2378,88
Eiweiß	63,42 g	Kohlenhydrate	289,36 g
Fett	105,25 g		
kJ	9957,00	Broteinheiten	24,11 g

Russenzopf für eine Cakeform von 30 cm Länge

Hefeteig
20 g Hefe
2–3 EL Wasser
250 g Weißmehl / Type 405
1 Msp Salz
25 g Steviapulver, Seite 15
1 unbehandelte Zitrone,
abgeriebene Schale
1 dl / 100 ml Milch
20 g Butter

Füllung
200 g geriebene Haselnüsse
1 Apfel
40 g Steviapulver
1 unbehandelte Zitrone,
abgeriebene Schale und Saft
1 ½ dl / 150 ml Rahm / Sahne

Zum Bepinseln
2 EL Milch
2 EL Wasser

1 Hefe im Wasser auflösen.

2 Mehl, Salz, Steviapulver und Zitronenschale in einer Schüssel mischen, eine Vertiefung drücken.

3 Milch und Butter leicht erwärmen, bis die Butter geschmolzen ist.

4 Hefe und Butter-Milch in die Vertiefung gießen, Mehl nach und nach unterrühren, von Hand zu einem weichen, glatten Teig kneten. Teigschüssel mit einem feuchten Tuch zudecken. Teig bei Zimmertemperatur auf das doppelte Volumen aufgehen lassen.

5 Für die Füllung Haselnüsse in einer Bratpfanne leicht rösten. In eine Schüssel geben. Apfel auf einer feinen Reibe zu den Nüssen reiben. Übrige Zutaten zugeben, alles gut mischen.

6 Cakeform mit Backpapier auskleiden.

7 Teig zu einem Rechteck von 30 x 40 cm ausrollen. Füllung auf dem Teigblatt verteilen, rundum einen Rand von 2 cm frei lassen. Den Teig in Längsrichtung einrollen. Rolle quer halbieren. Die beiden Rollen miteinander verschlingen und in die Cakeform legen. 30 Minuten in den Kühlschrank stellen. Das Hefegebäck mit dem Milchwasser bepinseln.

8 Russenzopf auf der zweituntersten Schiene in dem auf 180 °C vorgeheizten Ofen 40 bis 45 Minuten backen.

Pro Rezept			
Brotwert	23,00	kcal	2911,54
Eiweiß	65,05 g	Kohlenhydrate	234,63 g
Fett	190,14 g		
kJ	12 180,38	Broteinheiten	19,55 g

Haselnusskuchen für eine Springform von 18 cm Durchmesser

Biskuitteig
4 Eier, getrennt
1 Prise Salz
50 g Steviapulver, Seite 15
2 ½ dl / 250 ml Rahm / Sahne
1 Msp Bourbon-Vanillepulver
250 g geriebene Haselnüsse
2 EL Maisstärke

1 Haselnüsse in einer Bratpfanne ohne Fett schwach rösten.

2 Backofen auf 180 °C vorheizen. Springform gut mit Butter einfetten.

3 Eigelbe und Steviapulver zu einer luftigen, cremigen Masse aufschlagen, Rahm und Vanillepulver unterrühren. Eiweiß mit der Prise Salz zu Schnee schlagen und unterziehen. Haselnüsse und Maisstärke darüberstreuen, sorgfältig unterziehen. In die vorbereitete Form füllen.

4 Haselnusskuchen auf der zweituntersten Schiene in den Ofen schieben, bei 180 °C 45 bis 50 Minuten backen.

Variante Haselnusse durch Mandeln ersetzen.

56
57

Cakes und Torten

Pro Rezept			
Brotwert	5,50	kcal	2720,01
Eiweiß	64,64 g	Kohlenhydrate	53,22 g
Fett	253,67 g		
kJ	11 391,86	Broteinheiten	4,44 g

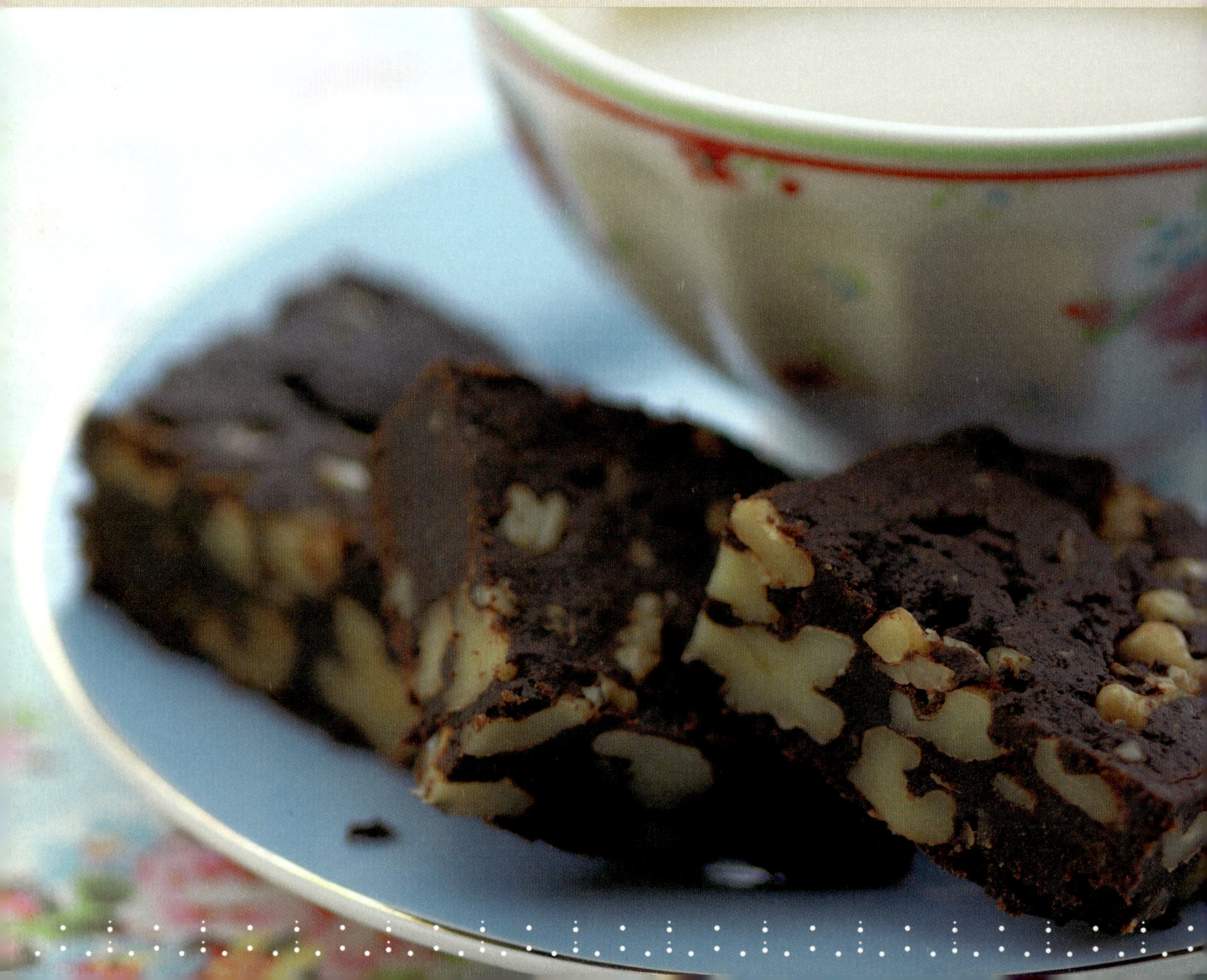

Klein- und Feingebäck

Feigenmuffins für 10 Muffins

120 g getrocknete Feigen
80 g Vollkornmehl
100 g Weißmehl/Type 405
2 TL Backpulver
50 g geriebene Haselnüsse
50–60 g Steviapulver, Seite 15
2 Prisen Salz
½ TL Zimtpulver
1 Ei, verquirlt
1 dl/100 ml Rahm/Sahne
2 dl/200 ml Milch

1 Stielansatz der Feigen abschneiden, Früchte sehr klein würfeln.

2 Backofen auf 180 °C vorheizen.

3 Feigen, Mehle, Backpulver, Nüsse, Steviapulver, Salz sowie Zimtpulver in einer Schüssel mischen. Ei mit Rahm und Milch verrühren, in die Schüssel geben, glatt rühren.

4 Teig in Silikonförmchen oder in mit Butter eingefettete Muffinförmchen oder in 3-fach ineinandergesteckte Papierförmchen füllen.

5 Muffins in der Mitte in den Ofen schieben, bei 180 °C 20 bis 25 Minuten backen.

Pro Rezept			
Brotwert	21,50	kcal	1738,32
Eiweiß	49,56 g	Kohlenhydrate	212,16 g
Fett	75,83 g		
kJ	7280,57	Broteinheiten	17,68 g

Beerenmuffins

für 10 bis 14 Muffins

100 g zimmerwarme Butter
40 g Steviapulver, Seite 15
½ TL Bourbon-Vanillepulver
1 Prise Salz
2 Eier
½ unbehandelte Zitrone,
abgeriebene Schale und Saft
120 g Beeren
260 g Weißmehl/Type 405
1 EL Backpulver

1 Backofen auf 180 °C vorheizen.

2 Butter rühren, bis sich Spitzchen bilden. Stevia- und Vanille-pulver mit Salz unterrühren. Eier, Zitronenschale und Zitronen-saft unterrühren. Beeren unterrühren. Mehl mit Backpulver mischen, mit dem Teigschaber unterziehen. Teig in Silikon-förmchen oder in mit Butter eingefettete Muffinförmchen oder in 3-fach ineinandergesteckte Papierförmchen füllen.

3 Muffins in der Mitte in den Ofen schieben und bei 180 °C 25 bis 30 Minuten backen.

Klein- und Feingebäck

Pro Rezept			
Brotwert	21,50	kcal	1934,08
Eiweiß	41,61 g	Kohlenhydrate	217,67 g
Fett	98,66 g		
kJ	8092,85	Broteinheiten	18,14 g

Zitronenmuffins für 10 bis 12 Muffins

130 g Weißmehl/Type 405
50 g Steviapulver, Seite 15
2 TL Backpulver
1 unbehandelte Zitrone, abgeriebene
Schale und Saft (ca. 70 ml Saft)
2 Eier, getrennt
100 g flüssige, abgekühlte Butter
1 Prise Salz

1 Backofen auf 180 °C vorheizen.

2 Mehl, Steviapulver, Backpulver und Zitronenschale in einer Schüssel mischen. Eigelbe untermischen. Zitronensaft und Butter unterrühren. Nur kurz rühren. Eiweiß mit der Prise Salz steif schlagen und unterziehen.

3 Teig in Silikonförmchen oder in mit Butter eingefettete Muffinförmchen oder in 3-fach ineinandergesteckte Papierförmchen füllen.

4 Muffins in der Mitte in den Ofen schieben, bei 180 °C 20 bis 25 Minuten backen.

Pro Rezept			
Brotwert	11,00	kcal	1437,45
Eiweiß	28,21 g	Kohlenhydrate	111,62 g
Fett	97,12 g		
kJ	6016,40	Broteinheiten	9,3 g

Rosinenkugeln

100 g zimmerwarme Butter
50 g Steviapulver, Seite 15
2 Eier
1 unbehandelte Zitrone,
abgeriebene Schale
60 g Rosinen
40 g Mandeln, fein gehackt
1 dl/100 ml Milch
200 g Weißmehl/Type 405
1 ½ TL Backpulver

1 Backofen auf 180 °C vorheizen. Ein großes, rechteckiges Backblech mit Backpapier belegen.

2 Butter aufschlagen, bis sich Spitzchen bilden. Steviapulver unterrühren. Eier zugeben und rühren, bis die Masse Luftbläschen hat. Zitronenschale, Rosinen, Mandeln und Milch unterrühren. Mehl und Backpulver mischen und mit dem Teigschaber unterziehen. Der Teig muss formbar sein. Wenn er zu klebrig ist, wenig Mehl zugeben.

3 Aus dem Teig mit bemehlten Händen kleine Kugeln formen, auf das mit Backpapier belegte Blech legen.

4 Rosinenkugeln in der Mitte in den Ofen schieben und bei 180 °C etwa 15 Minuten backen.

Pro Rezept			
Brotwert	19,00	kcal	2074,68
Eiweiß	47,44 g	Kohlenhydrate	194,57 g
Fett	122,17 g		
kJ	8685,03	Broteinheiten	16,21 g

Haselnussriegel

100 g zimmerwarme Butter

2 Eier

30 g Steviapulver, Seite 15

1 Prise Salz

130 g geriebene Haselnüsse
oder Mandeln

170 g Weißmehl/Type 405
oder Vollkornmehl

wenig Bourbon-Vanillepulver

wenig Zimtpulver

Eigelb zum Bepinseln

1 Butter glatt rühren, Eier, Steviapulver und Salz zugeben, rühren, bis die Masse luftig und cremig ist. Haselnüsse, Mehl und Gewürze mischen, unter die Buttermasse rühren. Teig zu einer Rolle formen, in Klarsichtfolie einwickeln, 30 Minuten kühl stellen.

2 Backofen auf 200 °C vorheizen. Ein großes, rechteckiges Backblech mit Backpapier belegen.

3 Teigrolle flach drücken, sodass der Teig 1 cm hoch wird. Teig in riegelgroße Stücke schneiden und diese auf das mit Backpapier belegte Blech legen. Mit Eigelb bepinseln.

4 Haselnussriegel in der Mitte in den Ofen schieben und bei 200 °C 12 bis 15 Minuten backen.

Klein- und Feingebäck

Pro Rezept			
Brotwert	13,50	kcal	2395,84
Eiweiß	53,17 g	Kohlenhydrate	136,47 g
Fett	183,85 g		
kJ	10 022,24	Broteinheiten	11,37 g

Windbeutel mit Beerencremefüllung

Brühteig

2 dl / 200 ml Wasser
1 Msp Salz
50 g Butter
125 g Weißmehl / Type 405
3 Eier

Füllung

2 dl / 200 ml Rahm / Sahne
10–15 g Steviapulver, Seite 15
50 g Beeren nach Wahl

1 Für den Brühteig Wasser, Salz und Butter aufkochen. Mehl im Sturz (sehr wichtig!) zugeben, bei mittlerer Hitze kräftig rühren, bis der Teig glatt ist und sich ein Kloß gebildet hat, der sich vom Topfboden löst. Topf von der Wärmequelle nehmen. Ein Ei nach dem anderen mit dem Handrührgerät in den Teig einarbeiten.

2 Backofen auf 200 °C vorheizen. Ein großes, rechteckiges Backblech mit Backpapier belegen.

3 Brandteig in einen Spritzsack mit großer, gezackter Tülle füllen, mit ausreichend Abstand (die Windbeutel gehen auf das doppelte Volumen auf) Häufchen in der Größe eines Tischtennisballes auf das mit Backpapier belegte Blech spritzen.

4 Windbeutel in der Mitte in den Ofen schieben und bei 200 °C 15 bis 20 Minuten backen. Im ausgeschalteten Ofen bei geöffneter Tür 5 Minuten trocknen lassen. Windbeutel mit einer Schere halbieren.

5 Für die Füllung Rahm steif schlagen, Steviapulver unterrühren. Beeren pürieren und unter den Rahm ziehen. In einen Spritzsack mit mittelgroßer, gezackter Tülle füllen, auf den Boden der Windbeutel spritzen. Deckel aufsetzen. Sofort servieren.

Pro Rezept			
Brotwert	10,50	kcal	1657,38
Eiweiß	39,22 g	Kohlenhydrate	104,28 g
Fett	121,48 g		
kJ	6940,27	Broteinheiten	8,69 g

Mandelschaumgebäck

2 Eiweiß
30 g Steviapulver, Seite 15
125 g geriebene Mandeln
½ TL Zimtpulver
1 Prise Nelkenpulver
½ unbehandelte Zitrone,
abgeriebene Schale und 1 EL Saft

1 Eiweiß steif schlagen.

2 Steviapulver, Mandeln, Zimt- und Nelkenpulver sowie Zitronenschale mischen, Zitronensaft unterrühren. Eischnee mit dem Teigschaber locker unterziehen. 30 Minuten kühl stellen.

3 Backofen auf 140°C vorheizen. Ein großes, rechteckiges Backblech mit Backpapier belegen.

4 Mandelschaummasse mit einem Teelöffel portionieren, Häufchen auf das mit Backpapier belegte Blech setzen.

5 Mandelschaumgebäck auf der untersten Schiene in den Ofen schieben und bei 140°C 15 Minuten trocknen lassen.

Pro Rezept

Brotwert	1,00	kcal	812,68
Eiweiß	32,64 g	Kohlenhydrate	11,42 g
Fett	71,36 g		
kJ	3403,80	Broteinheiten	0,95 g

Kokosnussmakronen

3 Eiweiß
1 Prise Salz
30 g Steviapulver, Seite 15
120 g Kokosnussraspel

1 Backofen auf 180 °C vorheizen. Ein großes, rechteckiges Backblech mit Backpapier belegen.

2 Eiweiß mit der Prise Salz zu Schnee schlagen, Steviapulver zugeben und weiterschlagen. Kokosnussraspel mit dem Teigschaber in Portionen vorsichtig unterheben.

3 Aus der Kokosnussmasse mit zwei Esslöffeln Häufchen formen, auf das mit Backpapier belegte Blech setzen. Häufchen mit den Fingern ein wenig zusammendrücken.

4 Kokosnussmakronen in der Mitte in den Ofen schieben, bei 180 °C 4 bis 5 Minuten backen, bis sie leicht braun sind.

Klein- und Feingebäck

Pro Rezept			
Brotwert	1,00	kcal	784,56
Eiweiß	19,10 g	Kohlenhydrate	8,42 g
Fett	76,12 g		
kJ	3284,70	Broteinheiten	0,7 g

Buttergebäck

100 g zimmerwarme Butter

1 Ei

30–40 g Steviapulver, Seite 15

150 g Weißmehl/Type 405

1 Eigelb zum Bepinseln

1 Butter und Ei zu einer luftigen, cremigen Masse aufschlagen. Stevia-pulver unterrühren. Mehl hinzugeben, zu einem weichen Teig zusammen-fügen. Teig in Klarsichtfolie einwickeln, mindestens 30 Minuten kühl stellen.

2 Backofen auf 180°C vorheizen. Backblech mit Backpapier belegen.

3 Den Teig auf leicht bemehlter Arbeitsfläche 2 bis 3 mm dick ausrollen, beliebige Formen ausstechen, auf das Blech legen. Das Gebäck mit Eigelb bepinseln.

4 Gebäck auf der zweituntersten Schiene in den Ofen schieben, bei 180°C 10 bis 15 Minuten backen.

Pro Rezept			
Brotwert	10,50	kcal	1415,97
Eiweiß	29,56 g	Kohlenhydrate	107,72 g
Fett	97,02 g		
kJ	5925,45	Broteinheiten	8,98 g

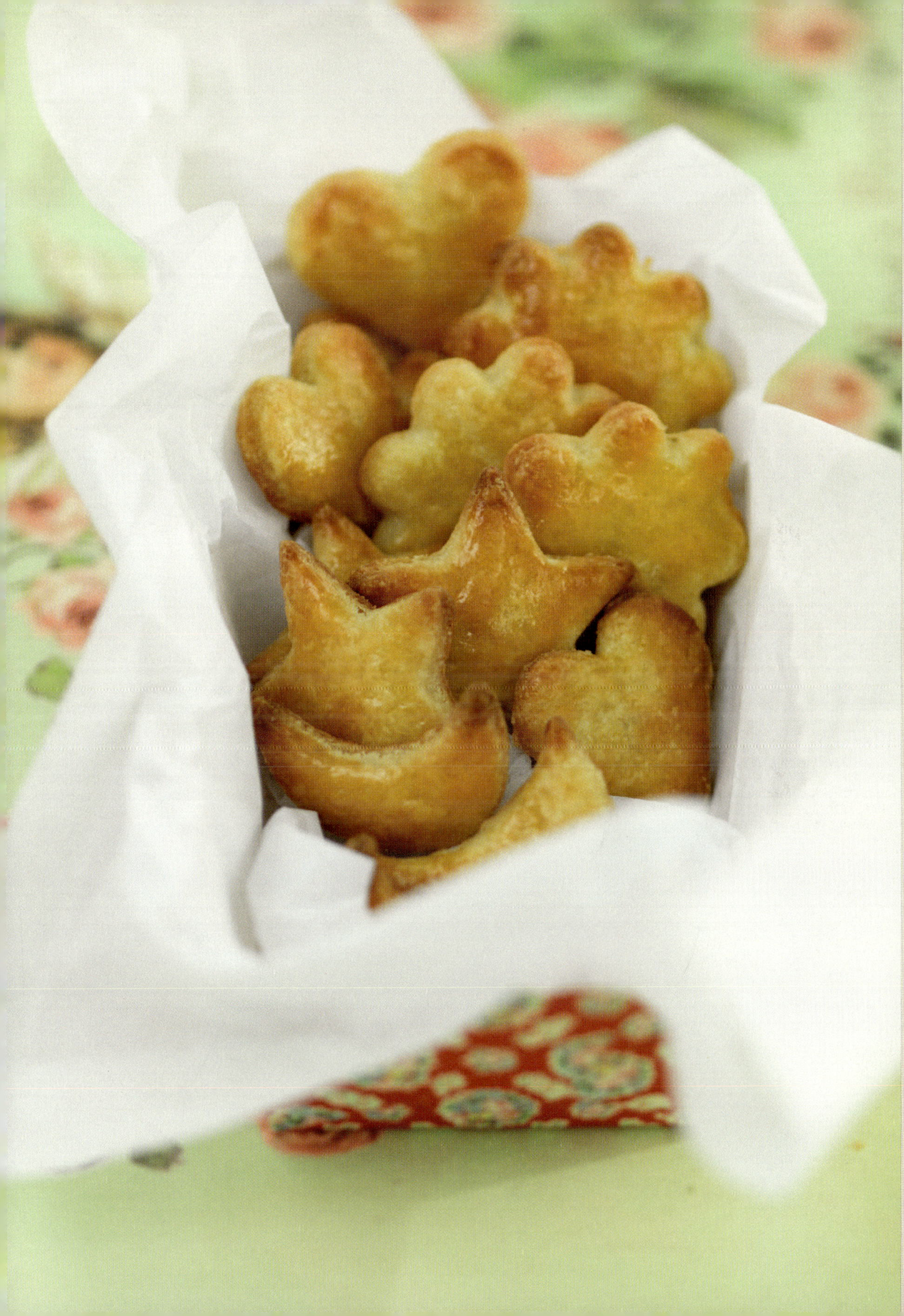

Hefeschnecken für 10 bis 12 Schnecken

Hefeteig
20 g Hefe
2 EL Wasser
150 g Weißmehl/Type 405
1 Msp Salz
20 g Butter
¾ dl/75 ml Milch

Füllung
50 g Rosinen
70 g geriebene Haselnüsse
30 g Steviapulver, Seite 15
150 g ungezuckertes Apfelmus

1 Eigelb zum Bestreichen

1 Hefe im Wasser auflösen.

2 Mehl und Salz in einer Schüssel mischen, eine Vertiefung drücken.

3 Butter und Milch leicht erwärmen, bis die Butter geschmolzen ist.

4 Hefe und Butter-Milch in die Vertiefung gießen, Mehl nach und nach unterrühren, von Hand zu einem weichen, glatten Teig kneten. Teigschüssel mit einem feuchten Tuch zudecken. Teig bei Zimmertemperatur auf das doppelte Volumen aufgehen lassen.

5 Backofen auf 200 °C vorheizen. Ein großes rechteckiges Backblech mit Backpapier belegen.

6 Alle Zutaten für die Füllung verrühren.

7 Hefeteig zu einem Rechteck von 30 x 25 cm ausrollen. Füllung darauf verstreichen, auf der Längsseite einen Rand von 1 cm freilassen. Teig von der Schmalseite her einrollen. Enden gerade schneiden. Mit dem Eigelb bepinseln. Teigrolle mit einem scharfen Messer in 1½ cm dicke Schnecken schneiden, auf das Blech legen.

8 Blech auf der zweituntersten Schiene in den Ofen schieben, Schnecken bei 200 °C etwa 15 Minuten backen.

Pro Rezept			
Brotwert	17,50	kcal	1393,44
Eiweiß	32,29 g	Kohlenhydrate	170,28 g
Fett	63,59 g		
kJ	5830,66	Broteinheiten	14,19 g

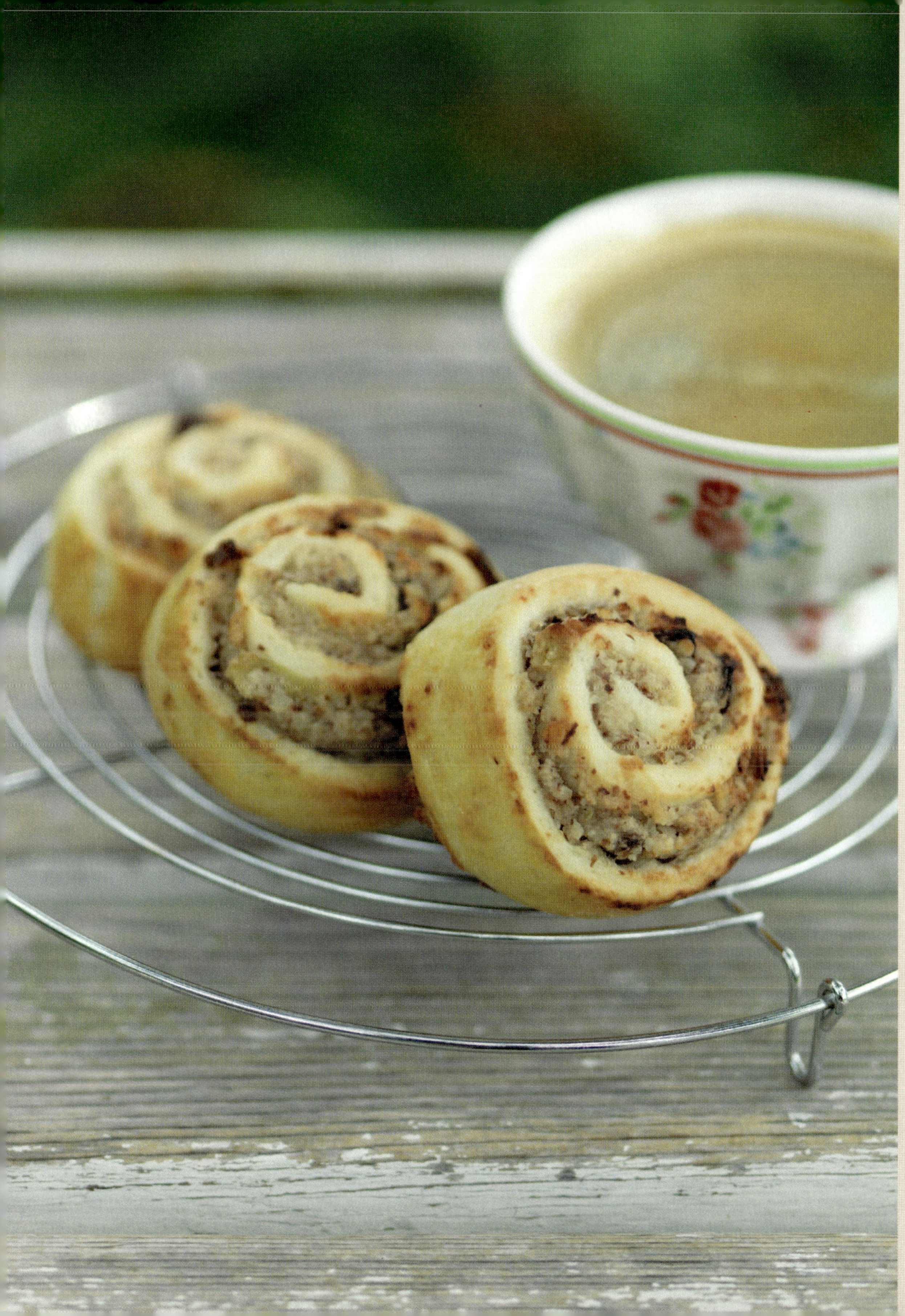

Pausenriegel für ein großes, rechteckiges Backblech

100 g gemischte Dörrfrüchte,
z. B. süße Aprikosen, Feigen, Pflaumen
150 g feine Haferflocken
100 g geriebene Mandeln
2 ½ dl/250 ml Milch
20–25 g Steviapulver, Seite 15
70 g Vollkornmehl

1 Backofen auf 200 °C vorheizen.

2 Dörrfrüchte in möglichst kleine Würfelchen schneiden.

3 Haferflocken, Mandeln und Dörrfrüchte mischen. Milch und Steviapulver unterrühren. Mehl unterrühren, rühren, bis der Teig zusammenhält.

4 Blechrücken mit Backpapier belegen. Teig daraufgeben und mit dem Teigschaber fingerdick verstreichen.

5 Pausenriegel in der Mitte in den Ofen schieben, bei 200 °C 20 Minuten backen. Die Oberfläche darf leicht braun werden. Lauwarm in beliebig große Stücke schneiden.

Pro Rezept			
Brotwert	22,00	kcal	1776,35
Eiweiß	57,37 g	Kohlenhydrate	218,57 g
Fett	73,64 g		
kJ	7441,83	Broteinheiten	18,21 g

Kokosnusskuchen mit Ananas

für ein großes, rechteckiges Backblech

2 Eier

40–45 g Steviapulver, Seite 15

30 g zimmerwarme Butter

1 Msp Bourbon-Vanillepulver

1¼ dl / 125 ml Milch

250 g Weißmehl / Type 405

1 EL Backpulver

60 g Kokosnussraspel

150 g frische Ananas, in Stückchen

15 g Butter

1 Eier, Steviapulver, Butter und Vanillepulver zu einer luftigen, cremigen Masse aufschlagen, Milch unterrühren. Mehl und Backpulver mischen, in Portionen unterrühren. 40 g Kokosnussraspel und Ananas unterrühren.

2 Butter in einem Pfännchen bei schwacher Hitze flüssig werden lassen.

3 Backofen auf 200 °C vorheizen. Backblech mit Backpapier belegen.

4 Teig auf dem Blech mit dem Teigschaber etwa 3 cm hoch verstreichen. Mit flüssiger Butter bepinseln. Restliche Kokosnussraspel darüberstreuen, leicht andrücken.

5 Kokosnusskuchen auf der zweituntersten Schiene in den Ofen schieben und bei 200 °C 25 bis 30 Minuten backen.

Klein- und Feingebäck

Pro Rezept			
Brotwert	21,50	kcal	1945,10
Eiweiß	48,38 g	Kohlenhydrate	214,41 g
Fett	98,78 g		
kJ	8141,73	Broteinheiten	17,87 g

Linzerschnitten für ein großes, rechteckiges Backblech

250 g Vollkornmehl
200 g kalte Butterstückchen
200 g geriebene Mandeln
½ TL Zimtpulver
wenig Nelkenpulver
½ unbehandelte Zitrone,
abgeriebene Schale
1 Ei
4 EL Milch
35 g Steviapulver, Seite 15

200 g Konfitüre
60 g Mandelblättchen oder
ganze Mandeln

Konfitüre – Grundrezept
500 g Früchte, z. B. Himbeeren,
Brombeeren, Zwetschgen, Aprikosen
50–80 g Steviapulver, Seite 15
1 ½ EL Unigel (Apfelpektin)

1 Für die Konfitüre Steinfrüchte halbieren und entsteinen, Stielansatz keilförmig herausschneiden, Fruchthälften kleinschneiden. Früchte in einem Kochtopf bei schwacher Hitze aufkochen, Steviapulver unterrühren, bei schwacher Hitze köcheln lassen, bis die Früchte zerfallen sind. Bindemittel unterrühren, weitere 3 Minuten köcheln lassen. Konfitüre kochendheiß in vorgewärmte Gläser füllen, sofort verschließen.

2 Für den Teig Mehl und Butterstückchen in einer Schüssel mit kalten Händen krümelig reiben. Mandeln, Gewürze und Zitronenschale untermischen. Ei verquirlen, Milch und Steviapulver unterrühren, in die Schüssel geben, zu einem Teig zusammenfügen. Teig in Klarsichtfolie einwickeln, 30 Minuten kühl stellen.

3 Backofen auf 200 °C vorheizen.

4 Rücken eines großen, rechteckigen Blechs mit Backpapier belegen, Teig 1 cm dick ausstreichen. Konfitüre auf dem Teig verstreichen, Mandelblättchen darüberstreuen.

5 Linzergebäck in der Mitte in den Ofen schieben und bei 200 °C 15 bis 20 Minuten backen. Noch warm in Stücke schneiden.

Pro Rezept			
Brotwert	18,50	kcal	4018,19
Eiweiß	89,64 g	Kohlenhydrate	187,28 g
Fett	326,02 g		
kJ	16 824,62	Broteinheiten	15,61 g

Lebkuchen für ein großes, rechteckiges Backblech

500 g Weißmehl/Type 405
4 EL Lebkuchengewürz
2 EL Kakaopulver
1 EL Backpulver
4 EL Olivenöl extra vergine oder
kaltgepresstes Rapsöl
60–70 g Steviapulver, Seite 15
½ l Milch

½ dl/50 ml Milchwasser
(halb Milch/halb Wasser) zum Bepinseln

1 Mehl, Lebkuchengewürz, Kakaopulver und Backpulver in einer Schüssel mischen und eine Vertiefung eindrücken. Öl und Steviapulver in die Vertiefung geben. Milch langsam dazugeben und mit der Mehlmischung verrühren. Die Masse sollte zähflüssig sein. Lebkuchenteig mit einem Holzlöffel schlagen, bis sich Luftblasen bilden.

2 Backblech mit Backpapier belegen. Teig auf dem Blech fingerdick verstreichen.

3 Lebkuchen in den kalten Ofen schieben, bei 200 °C 20 Minuten backen.

4 Den lauwarmen Lebkuchen mit Milchwasser bepinseln. Lebkuchen in Vierecke schneiden.

Pro Rezept			
Brotwert	46,50	kcal	3403,82
Eiweiß	84,39 g	Kohlenhydrate	498,59 g
Fett	115,56 g		
kJ	14 246,35	Broteinheiten	41,55 g

Brownies für ein großes, rechteckiges Backblech

100 g zimmerwarme Butter
50 g Steviapulver, Seite 15
2 Eier, verquirlt
1 Msp Bourbon-Vanillepulver
200 g Zartbitter-Schokolade,
90 % Kakaoanteil, zerbröckelt
200 g Baumnuss-/Walnusskerne,
grob gehackt
150 g Weißmehl/Type 405

1 Backofen auf 180 °C vorheizen. Blech mit Backpapier belegen.

2 Butter aufschlagen, bis sich Spitzchen bilden. Steviapulver unterrühren. Eier und Vanillepulver zugeben, rühren, bis die Masse Luftbläschen hat.

3 Schokolade in einer kleinen Schüssel über dem warmen Wasserbad schmelzen. Sofort unter Rühren zur Buttermasse geben. Nüsse und Mehl mit dem Teigschaber unterziehen.

4 Teig auf dem vorbereiteten Backblech etwa 1 cm dick verstreichen.

5 Brownies auf der zweituntersten Schiene in den Ofen schieben und bei 180 °C 10 bis 15 Minuten backen.

6 Brownies noch lauwarm in beliebig große Rechtecke schneiden.

Pro Rezept			
Brotwert	21,50	kcal	3716,91
Eiweiß	72,63 g	Kohlenhydrate	216,73 g
Fett	287,43 g		
kJ	15 561,46	Broteinheiten	18,06 g

Brunsli

25–30 g Steviapulver, Seite 15
125 g geriebene Mandeln
1 Msp Zimtpulver
1 EL Weißmehl/Type 405
1 Eiweiß
50 g Zartbitter-Schokolade,
90 % Kakaoanteil,
zerbröckelt, oder
Schokoladenmasse (Brunslischokolade)

1 Steviapulver, Mandeln, Zimt und Mehl in einer Schüssel mischen. Eiweiß steif schlagen und vorsichtig unter die Mandelmischung ziehen.

2 Schokolade in einer kleinen Schüssel über dem warmen Wasserbad schmelzen. Schokolade unter Rühren unter die Mandelmasse ziehen, zu einem Teig zusammenfügen.

3 Wenig Steviapulver auf den Tisch streuen, Brunsliteig auf dem Steviapulver sanft zu einem flachen Teig drücken (nicht ausrollen, weil er klebt). Beliebige Förmchen ausstechen, auf ein mit Backpapier belegtes Backblech legen. Brunsli mindestens 1 Stunde trocknen lassen.

4 Backofen auf 220 °C vorheizen.

5 Brunsli in der Mitte in den Ofen schieben, bei 220 °C 5 Minuten backen.

Pro Rezept

Brotwert	3,50	kcal	1063,83
Eiweiß	33,47 g	Kohlenhydrate	38,19 g
Fett	87,45 g		
kJ	4456,05	Broteinheiten	3,18 g

Blechkuchen mit Äpfeln

für ein großes rechteckiges Backblech

120 g zimmerwarme Butter
2 Eier, verquirlt
30–40 g Steviapulver, Seite 15
½ TL Bourbon-Vanillepulver
1 TL Zimtpulver
1 Prise Salz
150 g Weißmehl / Type 405
1 TL Backpulver
1 Apfel

1 Backofen auf 180 °C vorheizen.

2 Butter aufschlagen, bis sich Spitzchen bilden. Eier und Steviapulver zugeben, rühren, bis die Masse Luftbläschen hat. Vanille- und Zimtpulver, Salz, Mehl und Backpulver mischen, mit dem Teigschaber unterziehen. Apfel mit Schale auf einer feinen Reibe zum Teig reiben, unterrühren.

3 Backblech mit Backpapier belegen. Teig auf dem Blech fingerdick verstreichen.

4 Blechkuchen in der Mitte in den Ofen schieben, bei 180 °C 30 Minuten backen.

Pro Rezept			
Brotwert	11,50	kcal	1626,80
Eiweiß	30,24 g	Kohlenhydrate	121,52 g
Fett	114,16 g		
kJ	6807,45	Broteinheiten	10,13 g

Register

Abkürzungen

EL = gestrichener Esslöffel   ml = Milliliter
TL = gestrichener Teelöffel   Msp = Messerspitze
dl = Deziliter   g = Gramm